Inhalt

Zu diesem Buch

In einer Zeit, in der alles schnell gehen muß, ist es verständlich, daß sich die Aquarellmalerei zu einer der beliebtesten Techniken der Hobbymaler entwickelt hat. Ohne viel Aufwand kann man fast überall arbeiten, also auch auf Reisen, und in verhältnismäßig kurzer Zeit entstehen eindrucksvolle Bilder. Doch genau darin liegt die Schwierigkeit: Was zuerst so einfach erscheint, nämlich die zufällig entstehenden Strukturen, die vielfarbigen Verläufe und die klare Transparenz, kann später zum Problem werden. Wie kann man das, was da so leicht und spontan entsteht, wie kann man diese Zufälle absichtlich herbeiführen? Und wie setzt man sie in Landschaftsbildern ein, zum Beispiel bei Gewitterstimmungen oder flirrender Hitze, bei Wasserflächen oder Kornfeldern? Genau dabei soll Ihnen dieses Buch helfen. Und dabei, wie Sie das, was Sie in der Natur sehen, umsetzen können, was man einfach weglassen kann und was wichtig ist. Es soll Ihnen auch Anregungen zu Experimenten geben und Ihnen zeigen, daß sogar aus Mißglücktem oft noch etwas Neues entstehen kann.
Anhand von Schritt-für-Schritt-Darstellungen können Sie nachvollziehen, was verschiedene Künstler Ihnen zeigen. Sie sehen, wie sie die Landschaftsmalerei angehen und worauf es ihnen dabei ankommt. Manche malen direkt in der freien Natur, andere, wie z. B. Karlheinz Groß, nehmen sich ein Polaroidfoto oder eine Skizze mit nach Hause und arbeiten dann dort.
Das Wichtigste ist, daß Sie Freude an Ihren eigenen Ideen und Vorstellungen haben. Deshalb zeigen wir Ihnen auch noch verschiedene Experimente und einige Anregungen, die Sie zum Weitermachen inspirieren sollen.
Da jeder Künstler im Laufe der Zeit seine Eigenarten entwickelt, möchten wir Ihnen nicht nur einen einzigen Stil vorstellen. Jede Schritt-für-Schritt-Darstellung ist von einem anderen Maler erarbeitet. So lernen Sie verschiedene Arten des Vorgehens und können selbst entscheiden, was Ihnen am meisten liegt.
Viel Spaß dabei!

Brian Bagnall

Die Reihe „Art Academy" wird von Brian Bagnall als Art-director betreut und gestaltet. Als Dozent in England, Holland und Deutschland hat er viel Erfahrung darin sammeln können, was Schülern Freude macht und was ihnen lästig ist.
1943 in Wakefield, England, geboren, studierte er Malerei und Radierung. Danach zog er nach Amsterdam, wo er neben einer Lehrtätigkeit für Verlage und Werbeagenturen arbeitete. Seit 1970 lebt er in München und gründete mit seiner Frau die „Bagnall Studios". Daneben war er mehrere Jahre in Darmstadt als Dozent für Malerei tätig. Seine Arbeiten waren in Ausstellungen in mehreren Ländern zu sehen.

Ursula Bagnall

Ursula Bagnall hat in dieser Serie Text und Layout übernommen. Sie vereinigt Bilder und Aussagen der Künstler.
1945 bei München geboren, machte sie ihre Ausbildung für Grafik-Design an der Akademie für Grafisches Gewerbe in München. Danach arbeitete sie für die Olympiade in München bei Otl Aicher und übernahm später eine Lehrtätigkeit an einer amerikanischen Schule in Amsterdam. Seit 1973 arbeitet sie zusammen mit ihrem Mann Brian als Grafikerin und Autorin. Gemeinsam entwickelten sie zahlreiche Bücher, darunter auch Malschulen für Erwachsene und Kinder.

Astrid Hille

Astrid Hille ist Herausgeberin der Reihe „Art Academy" und arbeitet dabei eng mit den beiden Bagnalls zusammen.
1955 in Hamburg geboren, studierte sie an der Fachhochschule für Kunst und Gestaltung in Hamburg Illustration und Malerei. Danach arbeitete sie als Illustratorin, Malerin und Kunstlehrerin in der Erwachsenenbildung. Nach einem Zweitstudium der Medien- und Theaterpädagogik ist sie seit 1985 als Lektorin für Kunst- und Kinderbücher tätig.

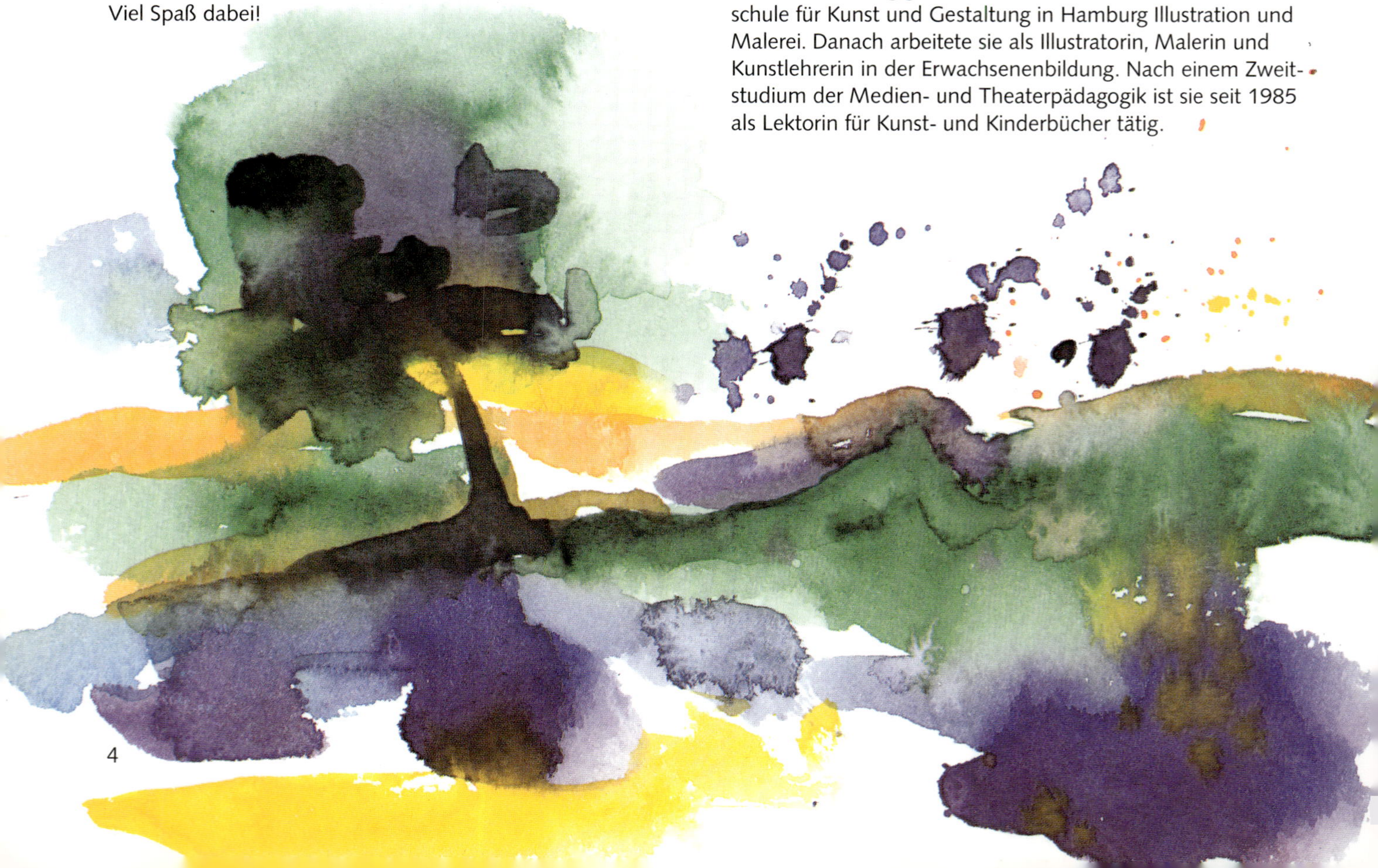

Laurie Sartin

Der Engländer Laurie Sartin zeigt Ihnen in diesem Buch, wie er mit Wind und Wetter fertig wird.
Er wurde 1949 in Sussex, England, geboren und arbeitete lange Zeit als Illustrator für archäologische Publikationen. Das Malen war Freizeitbeschäftigung. Als Reiter bei mittelalterlichen Turnieren lernte er seine deutsche Frau kennen und zog 1984 nach Landshut. Inzwischen Vater von zwei Kindern, fing er 1987 an, Kinderbücher zu illustrieren, zu malen, zu zeichnen und zu karikieren. Als freischaffender Künstler etabliert, hat er in Landshut und München an Gemeinschaftsausstellungen teilgenommen.

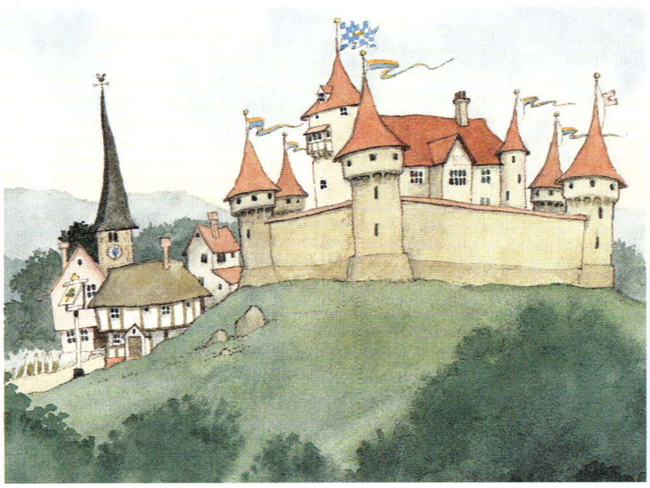

Beate Weber-von Witzleben

Für zarte Schneelandschaften ist Beate Weber-von Witzleben in diesem Band zuständig. Sie wurde 1953 geboren und ist am Bodensee aufgewachsen. Sie beschäftigte sich intensiv mit Malerei, Lyrik und Theater, bis sie 1973 in Freiburg studierte. Nach Studienaufenthalten, Reisen und Ausstellungen begann sie eine mehrjährige Lehrzeit in ostasiatischer Malerei. Seit 1979 ist sie als Lehrerin für Malen, Zeichnen und Kunstgeschichte tätig und hat ein Aquarell-Malbuch herausgebracht. Auch sie hatte zahlreiche Einzelausstellungen, eine davon in Tokio.

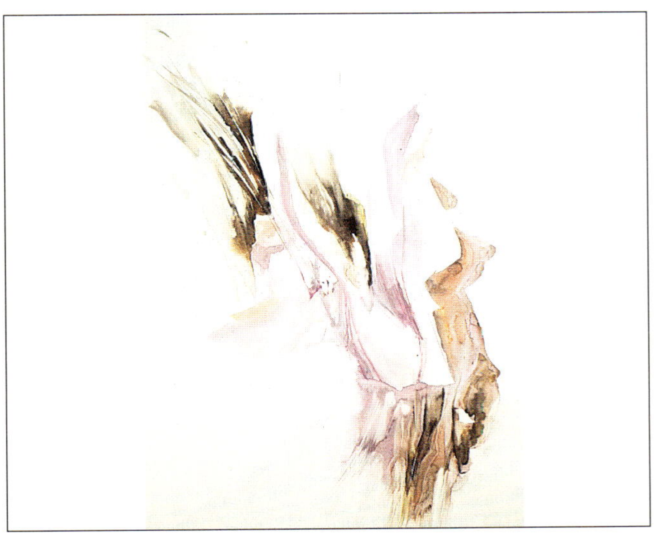

Eberhard Lorenz

In Sachsen wurde Eberhard Lorenz 1936 geboren, der Sie in diesem Buch mit Wasserspiegelungen vertraut macht. Er studierte von 1953 bis 1956 in Leipzig Angewandte Kunst und arbeitete anschließend als Szenenbildner beim WDR in Köln. 1963 kam er nach München und wurde Bühnenbildner im Theater am Gärtnerplatz, wechselte aber 1967 zur freien Malerei über und ging als Lehrer für Malerei und Grafik nach Amsterdam. Seit 1971 hat München ihn wieder. Er arbeitet in Oberschleißheim als freier Maler und hat sich mit zahlreichen Einzel- und Gruppenausstellungen in ganz Europa einen Namen gemacht.

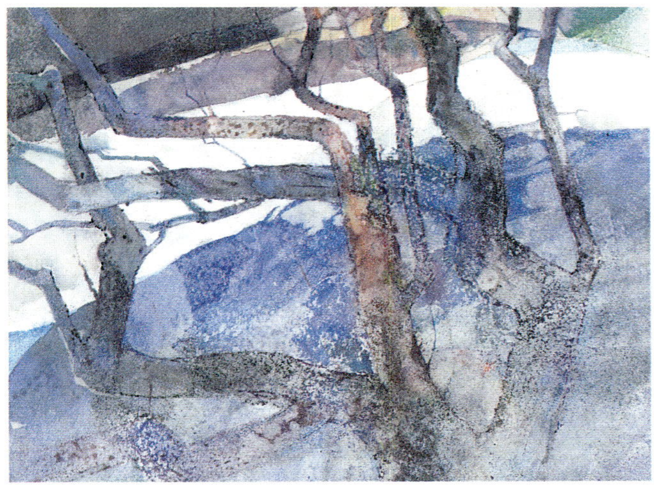

Karlheinz Groß

Mit in den Süden nimmt Sie Karlheinz Groß Schritt für Schritt in diesem Buch.
Der 1943 im Harz geborene Künstler studierte zuerst an der Werkkunstschule A. L. Merz in Stuttgart, später belegte er an der Gutenbergschule bei Professor Robert Förch Gebrauchsgrafik und Illustration. 1966 eröffnete er sein eigenes Atelier in Bietigheim-Bissingen und arbeitet seitdem als freier Grafiker und Maler. Auch er gibt Unterricht in Aquarellmalerei. Seit 1971 sind seine Arbeiten auf vielen Einzelausstellungen zu sehen.

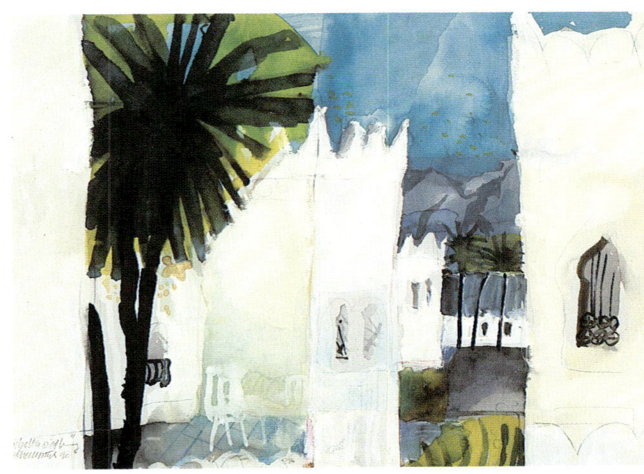

Aquarellmalerei – gestern und heute

Die Aquarellmalerei ist nicht, wie man vielleicht annehmen könnte, eine moderne Technik, erfunden in einer Zeit, in der alles schnell gehen muß. Ganz im Gegenteil: Sie gehört zu den ältesten Techniken, die wir kennen. In früheren Zeiten verwendete man einfach alles, was in der Natur vorhanden war: Materialien wie Ton, Erde und Mineralien wurden zu Pigmenten verarbeitet und zum Malen mit Wasser vermischt. Viel später kamen andere Materialien, wie zum Beispiel Ei und Gips, dazu. Das berühmte Öl wurde erst, nach langem Experimentieren, als letztes hinzugenommen. So sind genau besehen schon die frühen Fresken eine Form der Wasserfarbenmalerei.
Aquarellbilder, wie wir sie kennen, sind uns erst seit Anfang des 15. Jahrhunderts erhalten. Das waren allerdings keine eigenständigen Malereien, sondern eher mit Wasserfarben kolorierte Zeichnungen oder Entwürfe.
Es war Albrecht Dürer (1471 – 1528), der die ersten „echten" Aquarelle malte, also eigenständige Bilder in dieser Technik. Die Ölmalerei besaß damals das weitaus größere Ansehen. Wasserfarben dienten lediglich dazu, Entwürfe zu machen, die Farben so anzulegen, wie sie später in Öl umgesetzt werden sollten.
Nach Dürer setzte zuerst einmal niemand diese Art der Malerei fort. Bis in das 17. Jahrhundert hinein wurden mit den Wasserfarben lediglich Zeichnungen und Drucke koloriert.

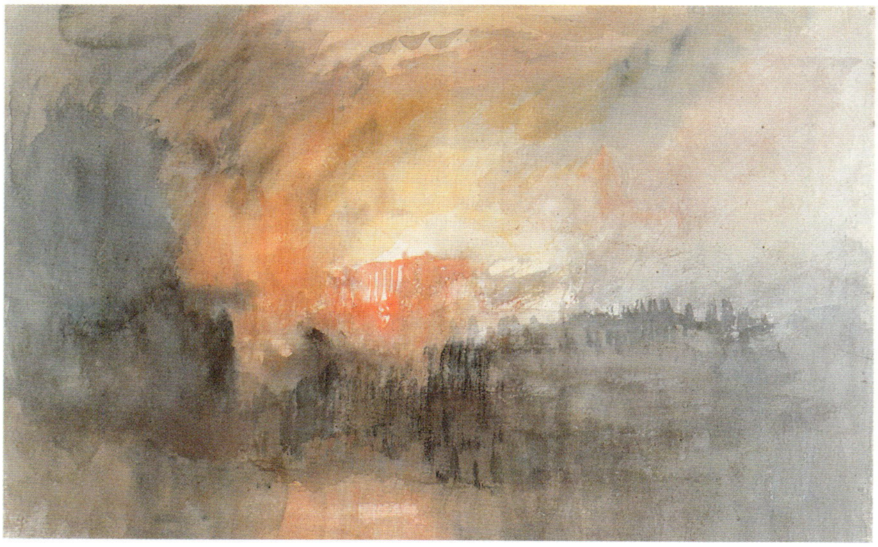

William Turner, Der Brand des Parlaments

Erst im 18. Jahrhundert bekam die Aquarellmalerei große Bedeutung und erreichte in England mit Künstlern wie John Cotman (1782 – 1842), William Turner (1775 – 1851) und John Constable (1776 – 1837) ihren Höhepunkt. Sie wurde in erster Linie eine Technik für die Landschaftsmalerei. Die Transparenz und Leichtigkeit, das Zerfließen und das Ineinander-Übergehen der Farben schien wie geschaffen für Naturstimmungen. Später beschäftigten sich Impressionisten wie Expressionisten, zum Beispiel Nolde (1867 – 1956), Klee (1879 – 1940) und Feininger (1871 – 1956), um nur einige zu nennen, in großem Umfang mit der Aquarellmalerei. Nun beschränkte man sich nicht mehr auf Landschaften, auch Porträts, Stilleben und Architektur wurden in dieser Technik gemalt.
Heute ist die große Beliebtheit des Aquarells unter anderem auf seine einfache Handhabung zurückzuführen und darauf, daß man schnell zu interessanten Ergebnissen kommt. Papier ebenso wie Farben kann man leicht überallhin mitnehmen, und auch Wasser ist meist nicht schwer zu beschaffen. Natürlich gehören Landschaften noch immer zu den beliebtesten Motiven. Urlaubserinnerungen lassen sich ebenso festhalten wie Wetterstimmungen oder Landschaftseindrücke. Gerade deshalb glauben viele, daß das Aquarellieren auch die einfachste Technik sei. Das allerdings stimmt nicht.
Gerade die Leichtigkeit ist das Schwierige am Aquarell. Man muß lernen, mit den Zufällen umzugehen oder sie bewußt herbeizuführen.
Man muß auch lernen, die Durchsichtigkeit der Farben zu nutzen und das Ineinanderlaufen der Farben zu planen.
Und man muß lernen, daß man nur selten ausbessern oder mogeln kann.
Es ist wichtig, viel auszuprobieren, verschiedene Farben zu mischen und auf unterschiedlichen Papieren anzuwenden. Denken Sie immer daran: Es ist nie mehr verloren, als ein Stück Papier.

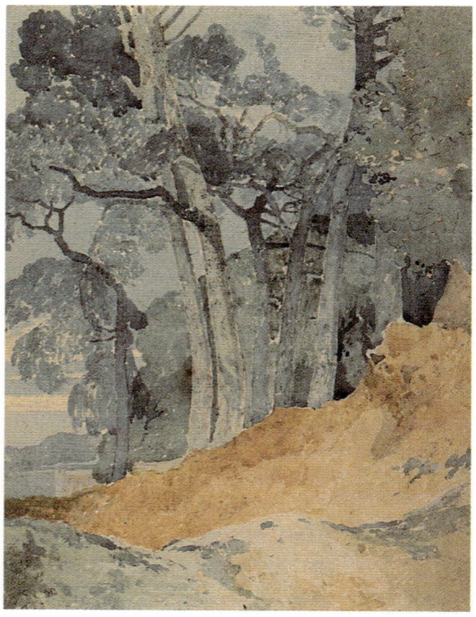

John Sell Cotman, Bäume bei Harrow

Mit anderen Techniken hat die Aquarellmalerei nur eines gemeinsam: Es macht großen Spaß, sich mit ihr auseinanderzusetzen und die Vielfalt der Möglichkeiten auszuprobieren.

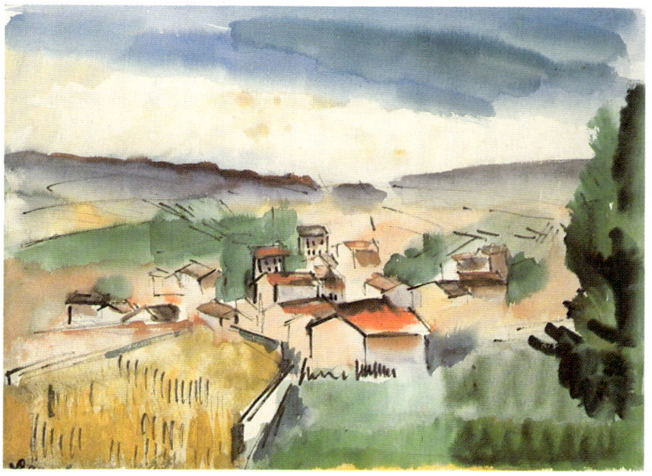

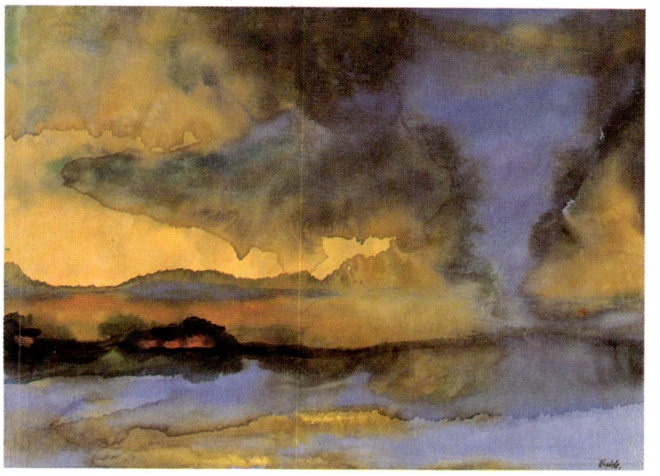

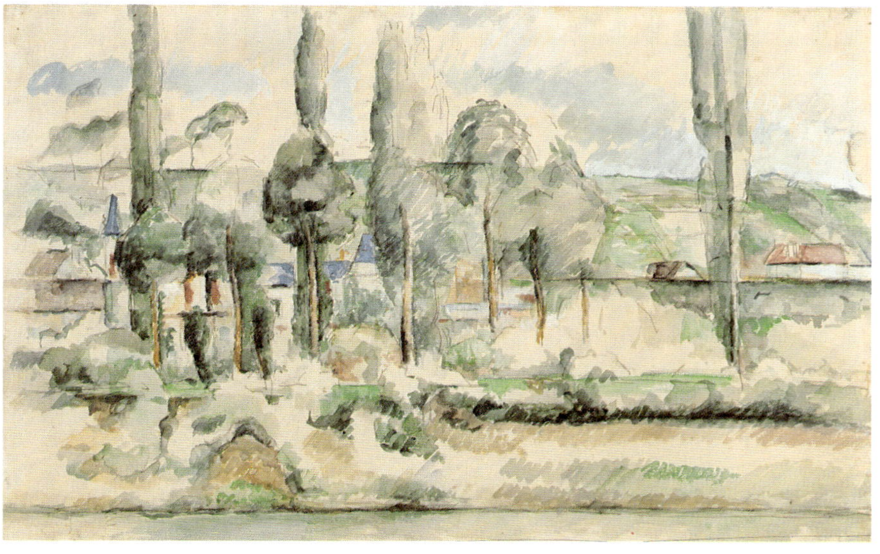

Oben links:
Maurice de Vlaminck, Landschaft

Oben rechts:
Emil Nolde, Überschwemmung

Links:
Paul Cézanne, Schloß von Medan

Unten:
John Middleton, Alby

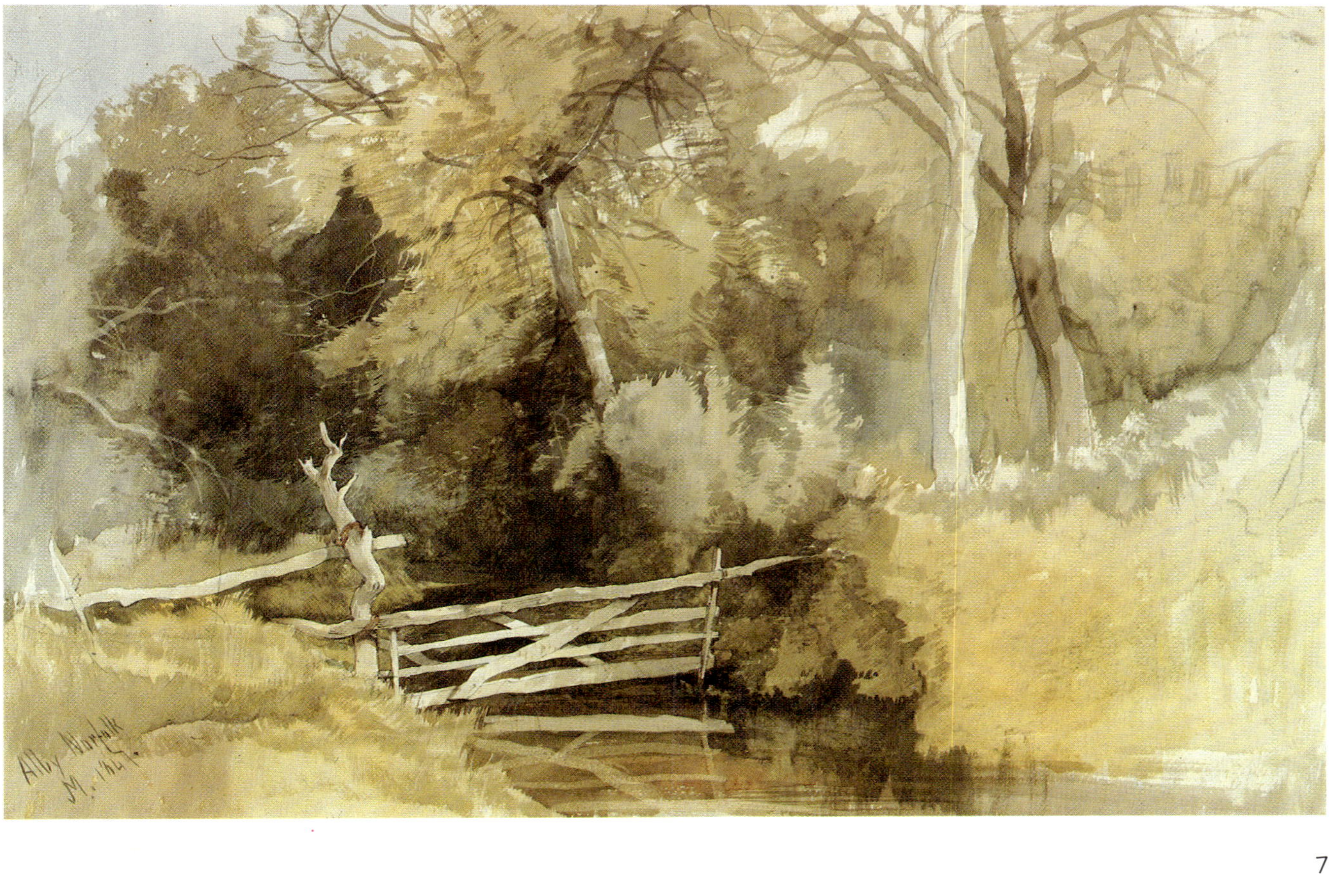

Das Material

Das richtige Arbeitsmaterial ist zweifellos eine wichtige Voraussetzung, um zu guten Ergebnissen zu kommen. Kaufen Sie also lieber weniger, dafür aber hochwertiges Material.

Die Pinsel

Besonders hier ist die Qualität sehr wichtig. Für den Anfang genügen drei Pinsel, ein dickerer und zwei dünnere. Sie sollten auf jeden Fall aus echtem Marderhaar sein (Rotmarder, Kolinsky). Ich würde Ihnen da Nr. 3, 6 und Nr. 10 empfehlen. Zusätzlich können Sie ein paar billige Pinsel erwerben, mit denen Sie Hintergründe anlegen oder gröbere Teile Ihres Bildes bearbeiten. Zum Aufbewahren empfiehlt sich eine Art Strohmatte (im Bild unter der Vase), in die die Pinsel gewickelt werden. Damit bleiben sie staubgeschützt, und die empfindlichen Spitzen können nicht verbogen werden. Wenn Sie längere Zeit nicht aquarellieren, sollten Sie Ihre Pinsel in jedem Fall staubgeschützt aufbewahren, also in einer Schublade oder in einem anderen geschlossenen Behälter, da sich sonst zu leicht Staubmilben darin festsetzen können und die Pinsel ausfransen. Auf jeden Fall müssen Sie aber die Pinsel nach der Arbeit immer sorgfältig auswaschen. Danach werden sie ausgeschüttelt (nicht ausgedrückt!), und man läßt sie trocknen.

Die Farben

Es gibt zwei Formen: Tuben und Näpfchen, beide Formen sind einzeln oder als Malkasten erhältlich. Der Malkasten bietet sich an, weil man Pinsel darin unterbringen und den Deckel gleichzeitig als Palette verwenden kann. Der Nachteil ist oft, daß in dem fertigen Kasten Farben sind, die sich nicht besonders gut mischen lassen. Achten Sie darauf, daß die wichtigsten Farben enthalten sind: Chromgelb zitron, Kadmiumgelb hell, Kadmiumrot hell, Krapplack dunkel, Cölinblau und Ultramarinblau (Näheres darüber auf Seite 11 und 12). Ob Ihnen Tuben oder Näpfchen mehr zusagen, müssen Sie ausprobieren. Die Tubenfarben sind leuchtender, aber etwas umständlicher in der Anwendung. Drückt man zuviel Farbe aus der Tube, macht das allerdings nichts, denn sie läßt sich, auch wenn sie eingetrocknet ist, immer wieder mit Wasser auflösen. Die Farben in den Näpfchen müssen jedesmal mit Wasser aufgelöst werden. Wichtig: Lassen Sie im Malkasten Abstand zwischen den einzelnen Näpfchen, denn sonst verschmiert man zu leicht eine Farbe in die andere.

Sonstiges

Nun brauchen Sie noch ein Wassergefäß, einen Lappen oder ein Papiertuch, um evtl. überschüssige Farbe abtupfen

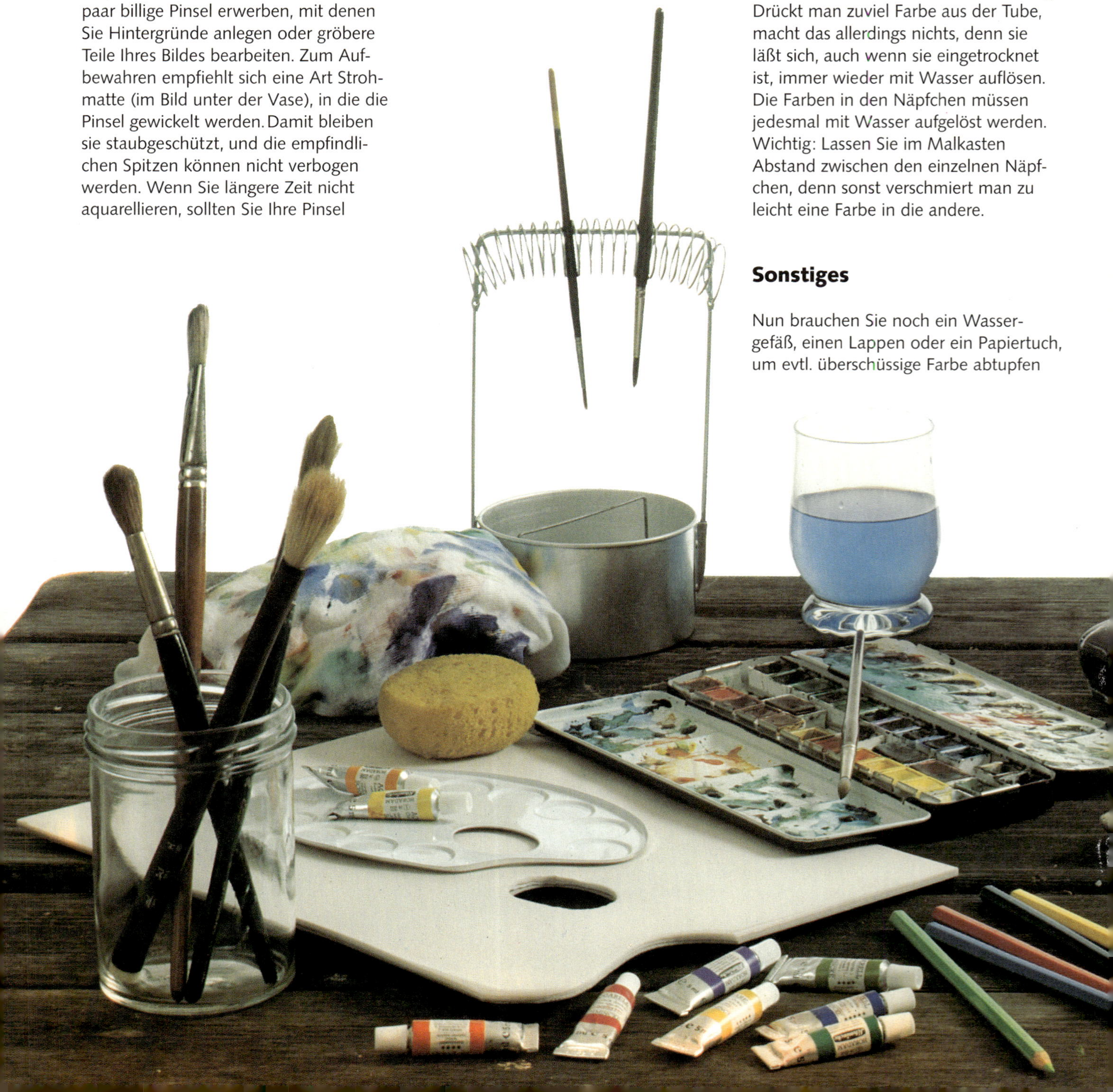

zu können, auch ein kleines Schwämmchen kann nützlich sein. Zum Mischen können Sie den Deckel des Malkastens nehmen oder eine Metallpalette, auch Paletten aus wasserabstoßendem Papier sind gebräuchlich (im Bild links unter der Palette). Praktisch ist ein Pinselhalter, von dem Farbe und Wasser abtropfen kann.

Zum Vorskizzieren brauchen Sie einen weichen Bleistift und für weiße Flächen Rubbelkrepp oder eine Kerze. Und vielleicht noch: Papierklebestreifen und Messer zum Aufziehen der Einzelbögen und zum Experimentieren Tuschen und Farbstifte.

Das Papier

Bei der Aquarellmalerei beeinflußt die Papierstruktur die Art der Malerei, da auf jedem Papier die Farbe anders verläuft. Sie sehen das an dem Beispiel rechts sehr deutlich: Auf dem glatten Papier verteilt sich die Farbe gleichmäßig, auf dem rauhen dringt sie nicht in alle Teile des Papiers ein, und es bleiben weiße Stellen stehen.

Probieren Sie aus, was Ihnen am besten gefällt. Am besten besorgen Sie sich in einem Fachgeschäft einen Papierfächer, darin sind die verschiedenen Papiersorten zusammengefaßt.

Es gibt Aquarellpapier in Einzelbögen und als Blöcke. Da sich das Papier bei der nassen Aquarelltechnik wellt, müssen die Einzelbögen naß auf ein Brett aufgezogen und mit Papierklebestreifen festgehalten werden. Bei den Blöcken sind die Blätter an den Außenkanten verleimt und können sich deshalb nicht verziehen. Viele Künstler bevorzugen die Einzelbögen, da die Auswahl an Papiersorten größer ist. Praktischer zum Mitnehmen sind zweifellos die Blöcke.

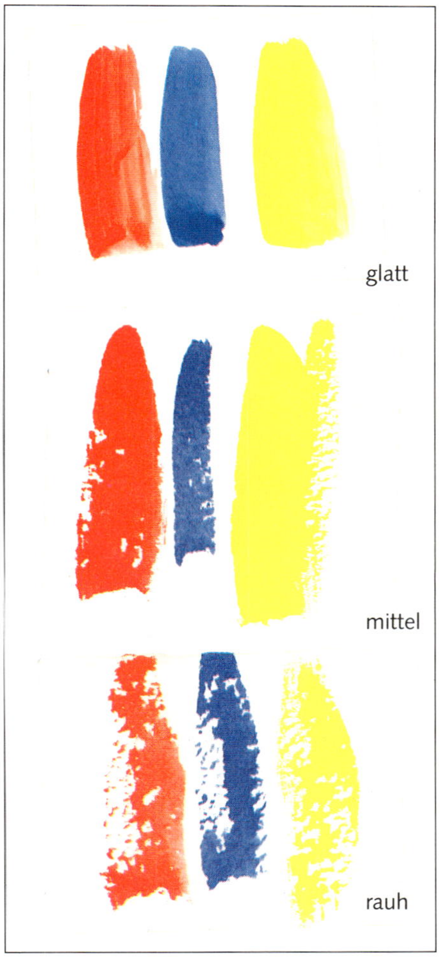

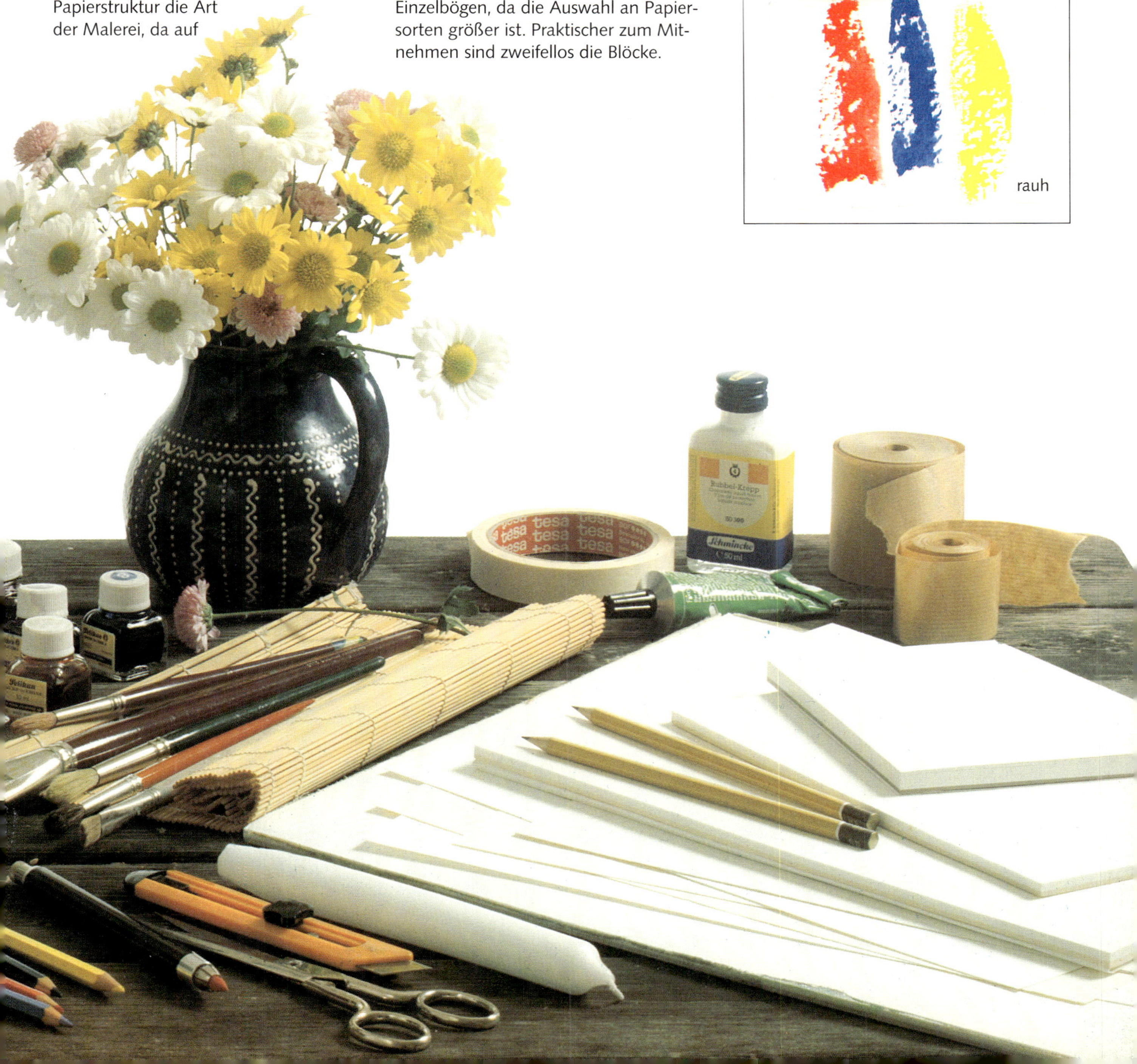

Das Mischen der Farben

Ein besonderer Reiz bei der Aquarellmalerei liegt im Mischen der Farben, die sich mühelos miteinander verbinden. Abgesehen von den Farbnuancen, die auf dem Papier durch Ineinanderlaufen entstehen, lassen sich auch vor dem Auftragen gezielt Farben mischen, die nicht in der Tube zu kaufen sind.
Sie werden staunen, wie wenige Farben Sie brauchen, um klare und sehr differenzierte Farbtöne zu bekommen. Natürlich ist das Riesenangebot von Farben, die in den Fachgeschäften – meist in malerischen Regenbogenanordnungen – dargeboten werden, verführerisch. Doch wenn man die falschen Farben zusammenmischt, entstehen lediglich schmutzige Braun- oder Grautöne. Die Gefahr ist dann besonders groß, wenn man schon gemischte Zwischentöne miteinander mischt, nichts anderes nämlich sind die bestechenden Farbpaletten der Hersteller. Weniger ist also in diesem Fall oft mehr.
Eine Grundausstattung, mit der Sie erstaunlich vielfältige Möglichkeiten haben, besteht aus folgenden Farben: Chromgelb zitron, Kadmiumgelb hell, Kadmiumrot hell, Krapplack dunkel, Cölinblau und Ultramarinblau.

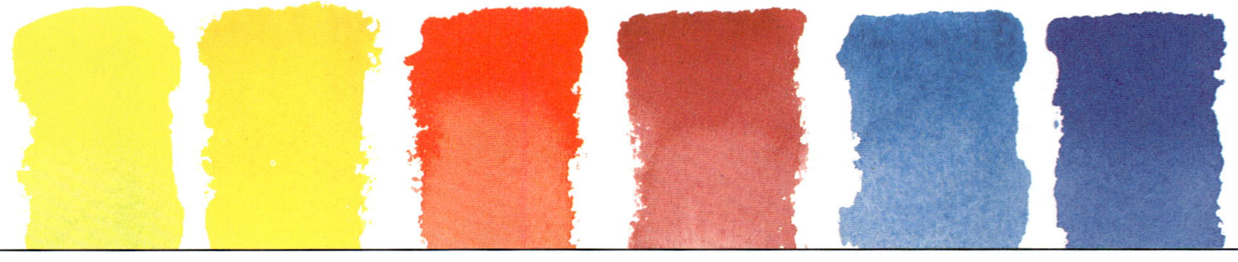

Grundausstattung
Chromgelb zitron — *Kadmiumgelb hell* — *Kadmiumrot hell* — *Krapplack dunkel* — *Cölinblau* — *Ultramarinblau*

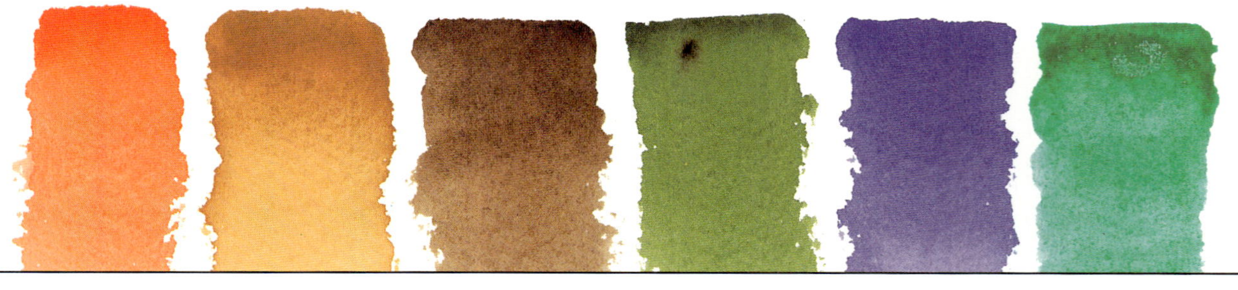

Erweiterte Palette
Kadmiumorange dunkel — *Lichter Ocker* — *Umbra gebrannt* — *Hookersgrün hell* — *Violett feurig* — *Chromoxidgrün feurig*

Zu der Grundausstattung empfehle ich als Erweiterung der Palette noch die oben gezeigten Farben. Sie lassen sich ausgezeichnet miteinander kombinieren und ergeben eine Vielfalt von Tönen. Beschränken Sie sich zur Übung einmal auf diese Farben und mischen Sie sie untereinander. Versuchen Sie, zuerst nur mit zwei Farben auszukommen, erst danach mischen Sie drei verschiedene Farben miteinander. Mehr als drei Farben ergeben oft schon unschöne Töne.

Es ist auch hier so, daß Sie Sicherheit im Umgang mit Farben nur durch Ausprobieren bekommen.

Bei jedem Künstler entwickeln sich nach einiger Zeit bestimmte Vorlieben und auch Abneigungen. So würde zum Beispiel Eberhard Lorenz nie auf sein Preußischblau verzichten und Laurie Sartin eine trübe Stimmung immer mit Neapelgelb beleben.
Wenn man keine Grautöne mischen möchte, eignet sich Paynesgrau zu vielem, ohne schmutzig zu wirken.

Von links: Neapelgelb, Paynesgrau und Preußischblau.

Chromoxidgrün feurig

Paynesgrau

Chromgelb zitron

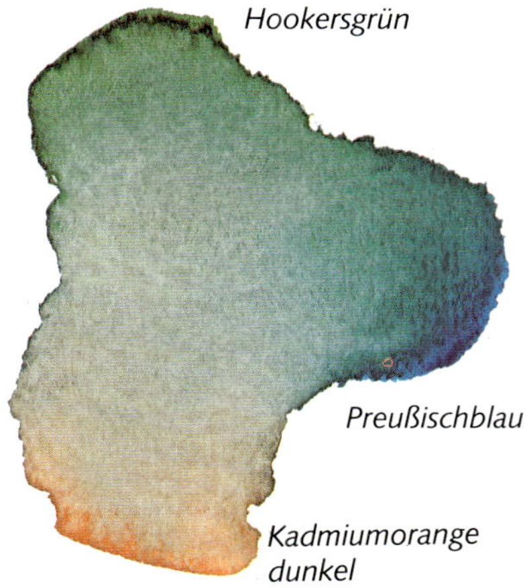

Hookersgrün

Preußischblau

Kadmiumorange dunkel

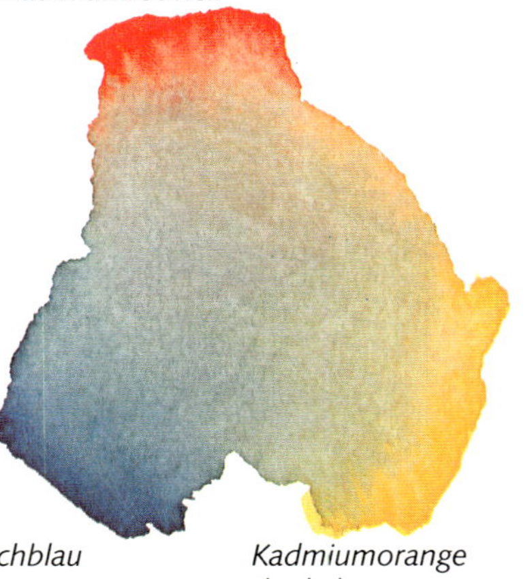

Kadmiumrot hell

Preußischblau

Kadmiumorange dunkel

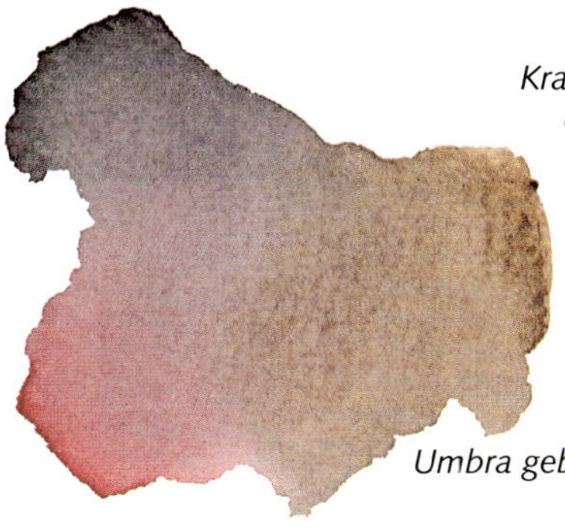

Krapplack dunkel

Umbra gebrannt

Krapplack dunkel

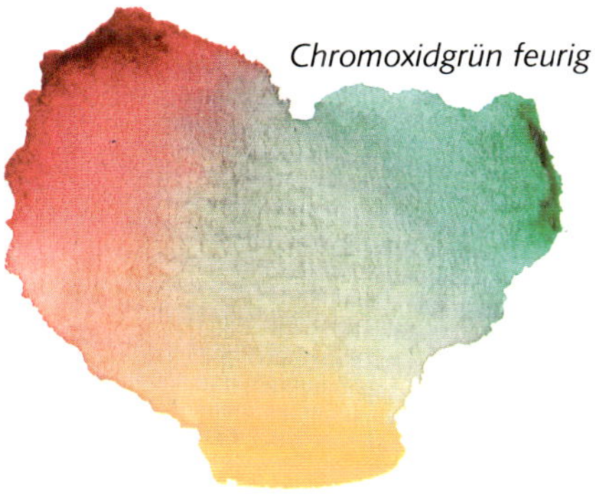

Chromoxidgrün feurig

Lichter Ocker

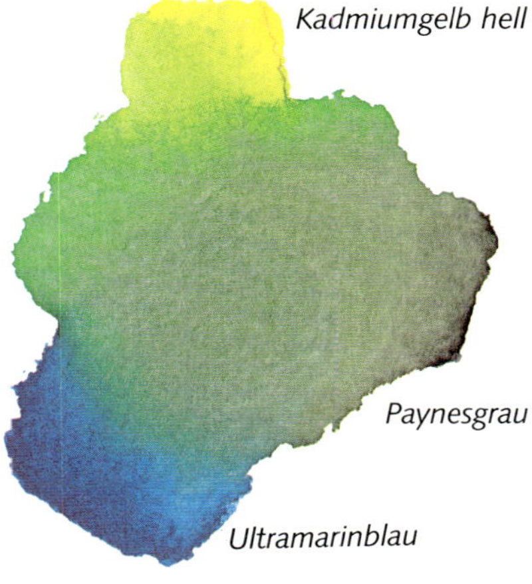

Kadmiumgelb hell

Paynesgrau

Ultramarinblau

Ich habe hier zur Anregung ein paar Mischversuche gemacht, probieren Sie das gleiche! Wenn Ihnen ein Ton besonders gut gefällt, notieren Sie die Mischung, damit Sie später wieder damit arbeiten können. Manchmal ist es nämlich ärgerlich, wenn man einen bestimmten Farbton sucht und einfach nicht mehr weiß, wie man ihn früher gemischt hatte. Das gleiche gilt für das Gegenteil: Merken Sie sich, wodurch ein besonders häßlicher oder schmutziger Ton entstanden ist, damit er Ihnen nicht wieder unterkommt.

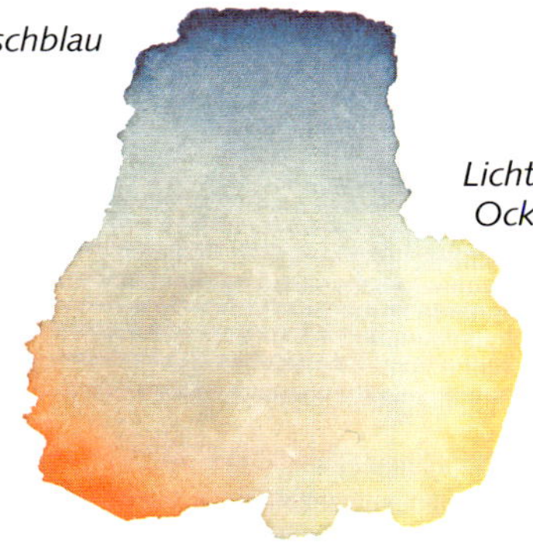

Preußischblau

Lichter Ocker

Kadmiumorange dunkel

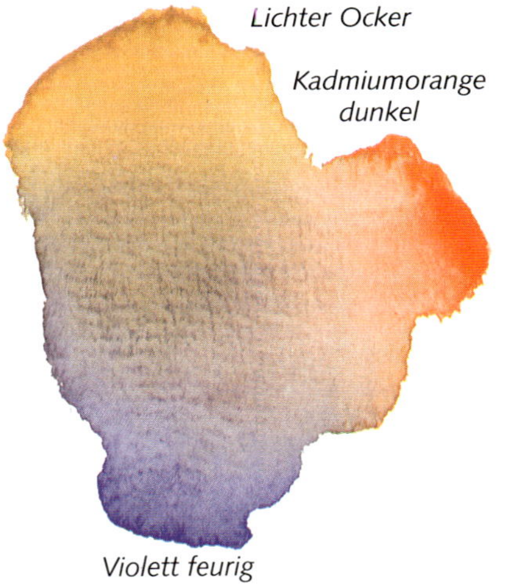

Lichter Ocker

Kadmiumorange dunkel

Violett feurig

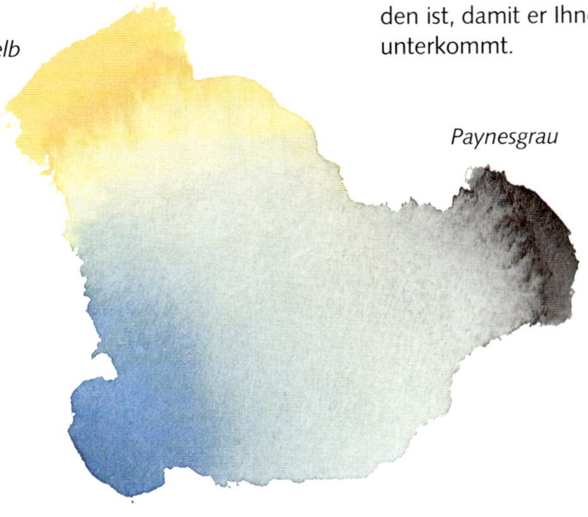

Neapelgelb

Paynesgrau

Preußischblau

Neapelgelb

Preußischblau

Verschiedene Techniken

Das Bestechende an der Aquarellmalerei sind die Spontaneität der Technik, die Transparenz und Leuchtkraft der Farben und auch die Zufälligkeiten, die man jederzeit einbeziehen kann. Am weitesten kommt man noch immer durch Ausprobieren und Experimentieren. Trotzdem gibt es natürlich ein paar Grundtechniken, die man beherrschen sollte.

Naß in naß

Das Papier wird zuerst mit einem Schwamm oder Lappen angefeuchtet. Es kann aber auch nur der Teil, auf dem die Farben ineinanderlaufen sollen, mit einem dicken Pinsel naß gemacht werden. Vorsicht: Wenn das Blatt zu naß ist, können kleine „Seen" entstehen, in denen die Farben zu undefinierbaren Tönen zusammenlaufen.
Auf das angefeuchtete Papier trägt man nun die nasse Farbe auf, die darauf zerläuft. Malt man mit weiteren Farben hinein, zerlaufen diese natürlich auch und ergeben wieder neue Töne. Sie sehen das bei dem Gelb und Rot in der Baumkrone sehr gut.

Naß auf trocken

Hier gibt es zwei Möglichkeiten:
1. Man feuchtet das Papier nicht an, sondern malt direkt mit nasser Farbe auf das trockene Papier. Es bleiben glatte Ränder an den Stellen stehen, an denen die Farbe auf dem trockenen Papier steht (Beispiel unten in Grün und Gelb).
2. Man läßt die vorher aufgetragenen Farben trocknen und malt dann darüber. Selbstverständlich kann man diese frischen Farben wieder ineinanderlaufen lassen, man muß nur aufpassen, daß sich die darunterliegenden Farben nicht auflösen.
Oft wird diese Technik im Endstadium eines Bildes angewendet, um zum Beispiel Akzente zu setzen oder Details auszuarbeiten.

Lasieren

Lasieren bedeutet, die Farbe so dünn aufzutragen, daß der Untergrund oder die darunterliegende Farbe noch durchschimmert. Beim Aquarell geschieht dies meistens ohne großes Zutun, da die Farben als solche ja schon transparent sind. Trotzdem kann man es ganz bewußt einsetzen, um zum Beispiel differenzierte Farbnuancen zu erzielen. Bei dem Gras unter dem Baum habe ich das mit mehreren Farben so gemacht; der Untergrund scheint trotzdem noch fast überall durch, wodurch auch eine gewisse Tiefe entsteht.

Spritzen

Meine ganz persönliche Vorliebe gilt Spritzern, die ich natürlich bewußt verteile. An den trockenen Stellen bleiben die Tropfen stehen, an den feuchten zerfließen sie. Dadurch entstehen lebendige Strukturen, die ich gerne als Kontrast zu ruhigen Flächen setze.
Spritzen kann man einfach durch Schütteln des Pinsels, wobei man aber aufpassen muß, daß keine ungewollten Flecken entstehen. Feinere Spritzer bekommt man mit Hilfe eines Siebs. Ein Bürstchen (z. B. eine Zahnbürste) wird in die Farbe eingetaucht und über das Sieb gerieben, das man mit einigem Abstand über das Papier hält.

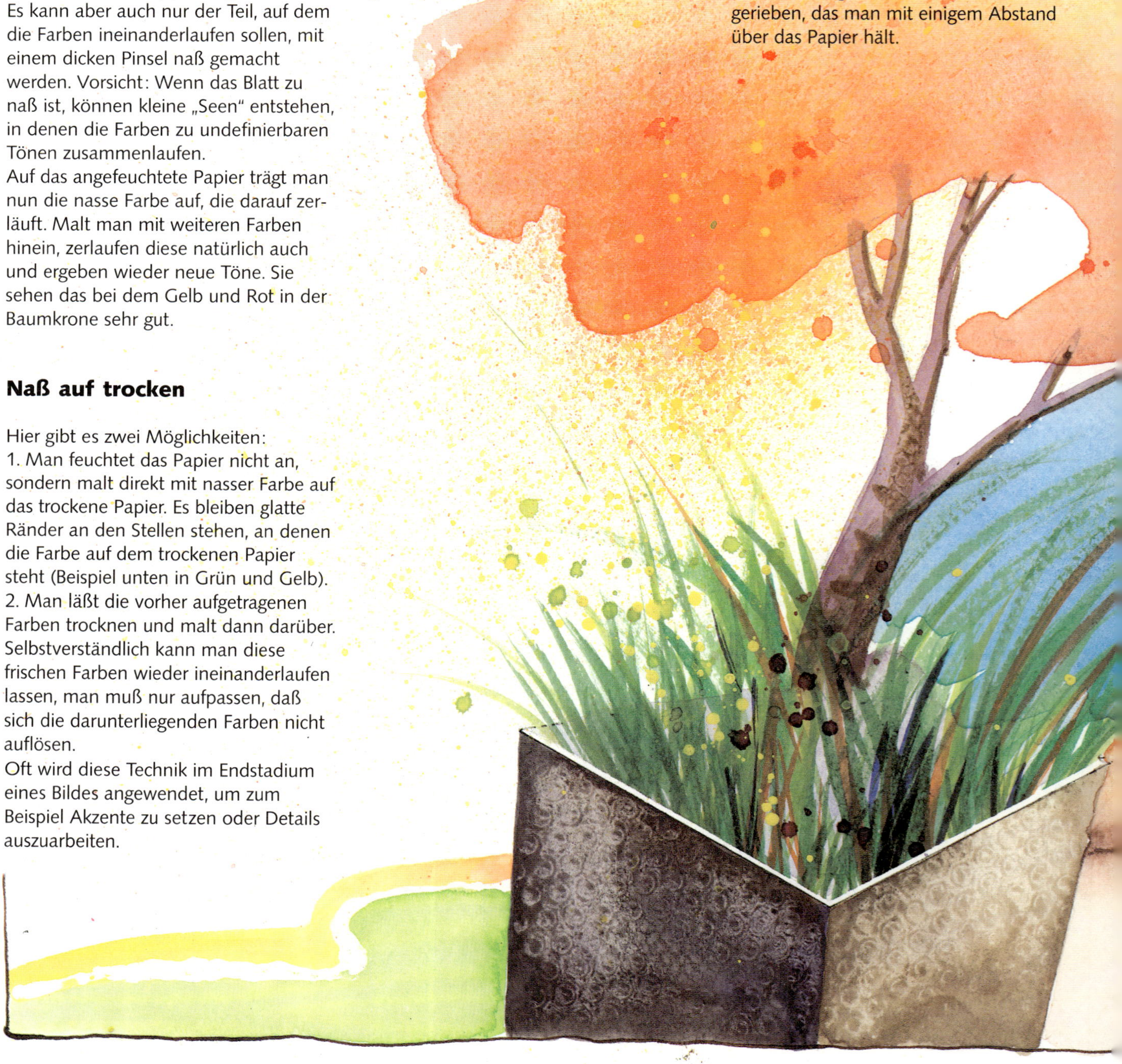

Weiß im Aquarell

Um Akzente zu setzen, ist Weiß ein wichtiges Element. Da man es nicht, wie in anderen Techniken, zuletzt noch aufmalen kann, muß man es aussparen und um die Fläche oder Form herummalen.
Eine andere Möglichkeit besteht im Benutzen von Gummilösung, als „Fixogum" oder „Rubbelkrepp" in allen Fachgeschäften erhältlich.
Man bestreicht die Fläche, die später weiß werden soll, mit diesem löslichen Kleber und malt dann einfach darüber. Wenn die Farbe getrocknet ist, kann man die Gummilösung abreiben, und darunter erscheint wieder die weiße Fläche.
Manchmal verwende ich die Tube selbst als Zeichenstift, wie Sie an den weißen Flecken im Himmel sehen. Die Pyramide war ursprünglich mit Fixogum angelegt. Erst nach dem Abrubbeln habe ich sie eingefärbt.

„Rubbelkrepp" oder „Fixogum"

Nicht nur für das Weiß ist der Rubbelkrepp ein interessantes Hilfsmittel. Man kann auch Fixogum auf eine bereits bemalte und getrocknete Fläche auftragen. Beim Abreiben erscheint dann die vorher angelegte Farbe wieder.
Da die Aquarellfarben nicht auf der Gummilösung haften, bleiben sie perlenartig darauf stehen. Manchmal ist auch das eine ganz passende und interessante Struktur. Man malt also über die Gummilösung und reibt sie einfach nach dem Trocknen der Farben nicht mehr ab.

Verlauf

Für glatte Flächen, wie zum Beipiel einen ruhigen Himmel oder eine unbewegte Wasserfläche, wird man immer wieder auf den Verlauf zurückgreifen. Man arbeitet von oben nach unten auf einer angefeuchteten Fläche und beginnt mit der dunklen Stelle. Mit gleichmäßigen Bewegungen verwäscht man die Farbe nun vom Dunklen zum Hellen, wobei die Farbe immer mehr verdünnt wird (sauberes Wasser ist wichtig!). Soll wie hier das Dunklere unten liegen, dreht man das Papier einfach um.

Verschiedenes

Scharfe Kanten sind nicht ganz einfach zu erreichen, da das Papier oft sehr rauh ist und die Farben verlaufen. Bei glatterem Papier kann man Linien mit Tesa-Film abdecken und nach dem Trocknen der Farbe wieder abziehen. Dazu darf aber das Papier nicht zu weich oder faserig sein, da es sich sonst mit dem Klebeband zusammen löst. Die weiße Linie des Pflanzenkastens ist auf diese Weise entstanden.
Auch durch Abtupfen entstehen interessante Strukturen. Ich habe hier auf Canson gearbeitet, einem gewebeartig strukturierten Papier. An dem Kasten habe ich Teile der halbtrockenen Farbe abgetupft.

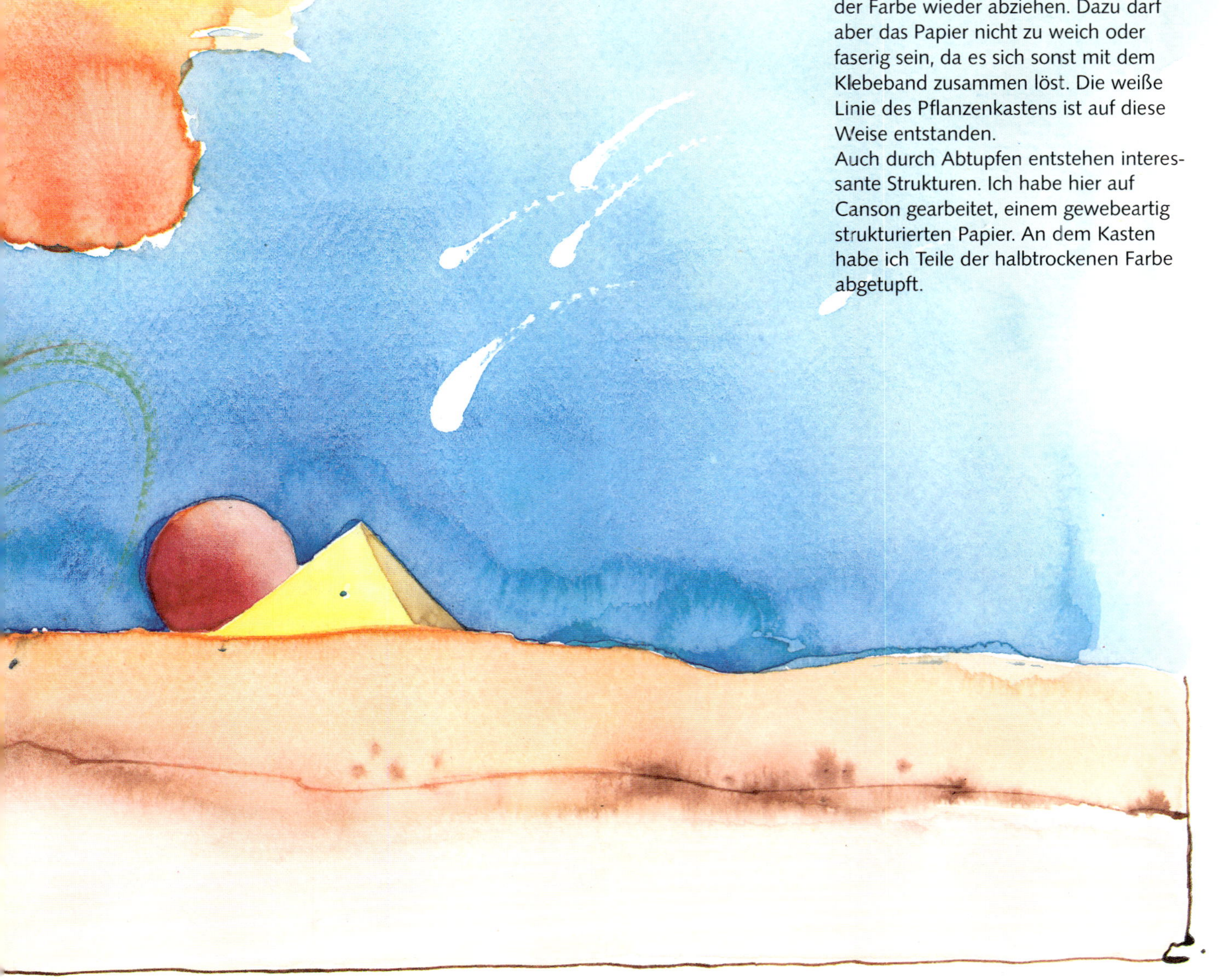

Stimmungen

Die Stimmung eines Bildes hängt zu einem großen Teil von der Farbe ab. Selbst ein weinendes Gesicht wirkt weniger traurig, wenn es rosige Wangen hat, und aus einem fröhlich orangefarbenen Himmel wird so schnell keine düstere Gewitterstimmung.
Wir unterscheiden prinzipiell zwei Arten von Farben: warme und kalte. Durch Erfahrungen bedingt, empfinden wir Blautöne als kalt, da tiefes kaltes Wasser und auch Eis blau schimmern. Wärme dagegen wird mit Gelb- und Rottönen verbunden, weil sie an Sonne oder Glut erinnern. Natürlich sind nicht alle Farben so eindeutig zu unterscheiden, es gibt auch neutrale Töne, wie zum Beispiel ein Rotviolett oder ein Gelbgrün.

Generell jedoch ist es so, daß Farben mit höherem Rot- oder Gelbanteil warm, die mit höherem Blauanteil kalt wirken. Das spielt natürlich beim Mischen von Farben eine Rolle, denn Sie können sich durchaus ein warmes Blau und ein kaltes Rot mischen.

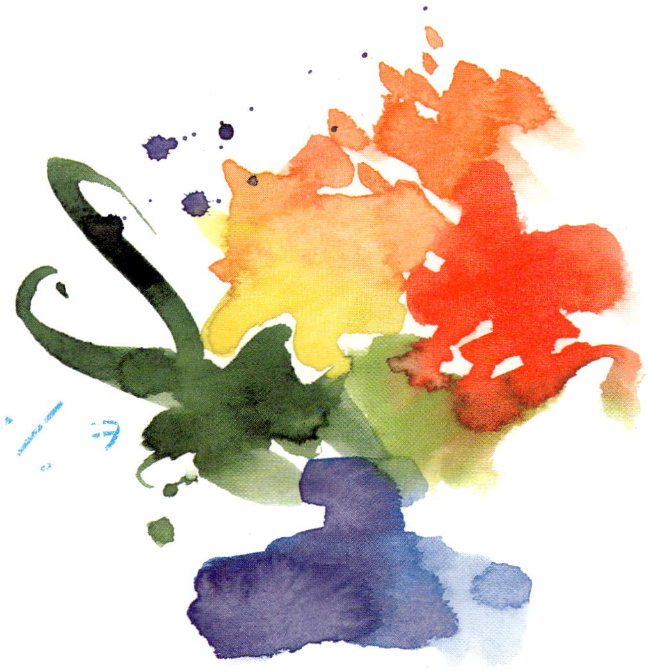

Warme Töne: In dem Blau steckt Rot, in dem Grün Gelb, die Töne wirken warm.

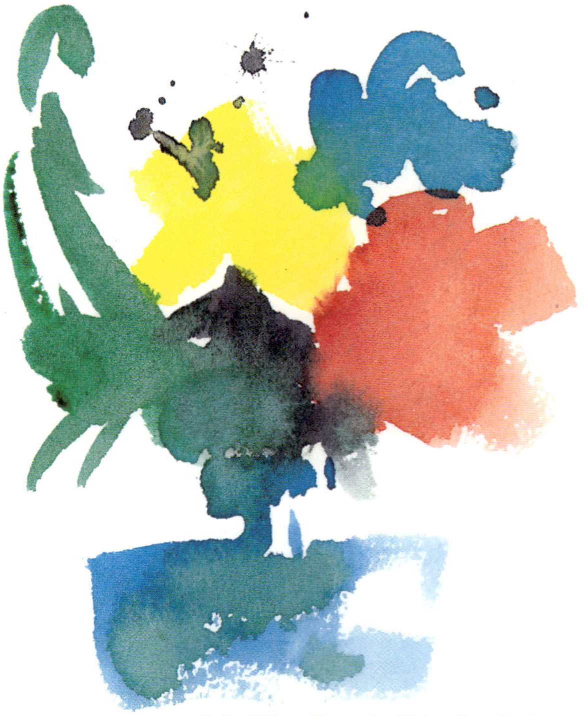

Kalte Töne: Nun steckt in allen Farben ein Blauanteil und macht sie dadurch kälter.

Ist Schnee tatsächlich weiß? Wenn Sie ihn einmal genau anschauen, werden Sie staunen, wie viele Farben darin zu finden sind. Winterbilder können sehr reizvoll sein und auch sehr farbig, denn der Schnee reflektiert die Farben seiner Umgebung. Natürlich wird das Weiß in einem Winterbild überwiegen, und das ist auch die Herausforderung bei diesem Thema.
Bei dem Beispiel rechts habe ich Ultramarin mit viel Wasser auf trockenen Grund aufgetragen und in das Weiß des Papiers auslaufen lassen. Der zarte Hauch von Ocker gibt dem Bild mehr Farbigkeit. Auch erlaubt: Die Schneeflocken wurden hinterher auf den getrockneten Himmel mit Deckweiß getupft.

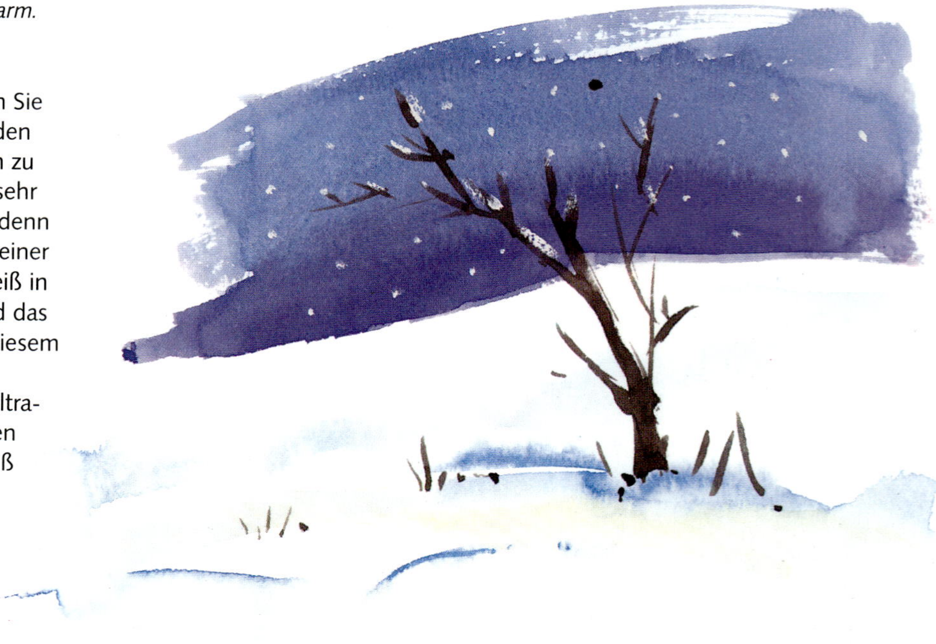

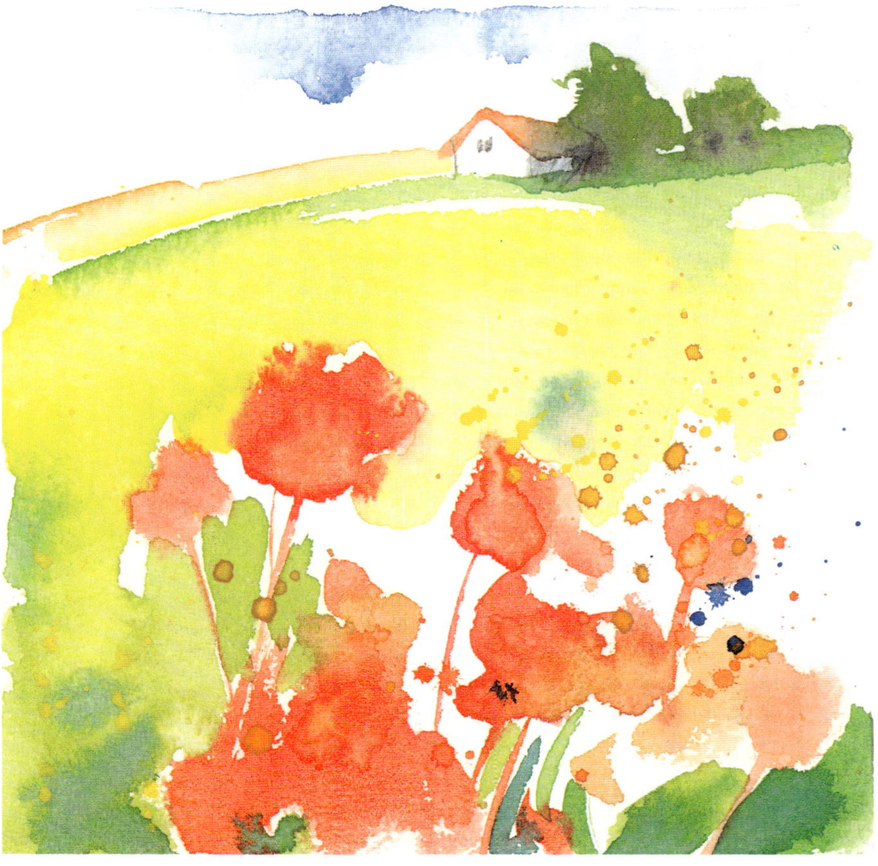

Wie wirkt dieses Bild auf Sie?
Das Motiv ist weder besonders fröhlich noch traurig, trotzdem wirkt das Bild warm und heiter. Das liegt ganz allein an den Farben. Die warmen Gelb- und Rottöne im Vordergrund erinnern an Sommer und an Wärme, die Helligkeit macht das Ganze heiter und fröhlich.
Malen Sie doch zur Übung ein paar kleine Farbskizzen mit einfachen Landschaftsmotiven und versuchen Sie, durch unterschiedliche Farben verschiedene Stimmungen zu erzeugen.

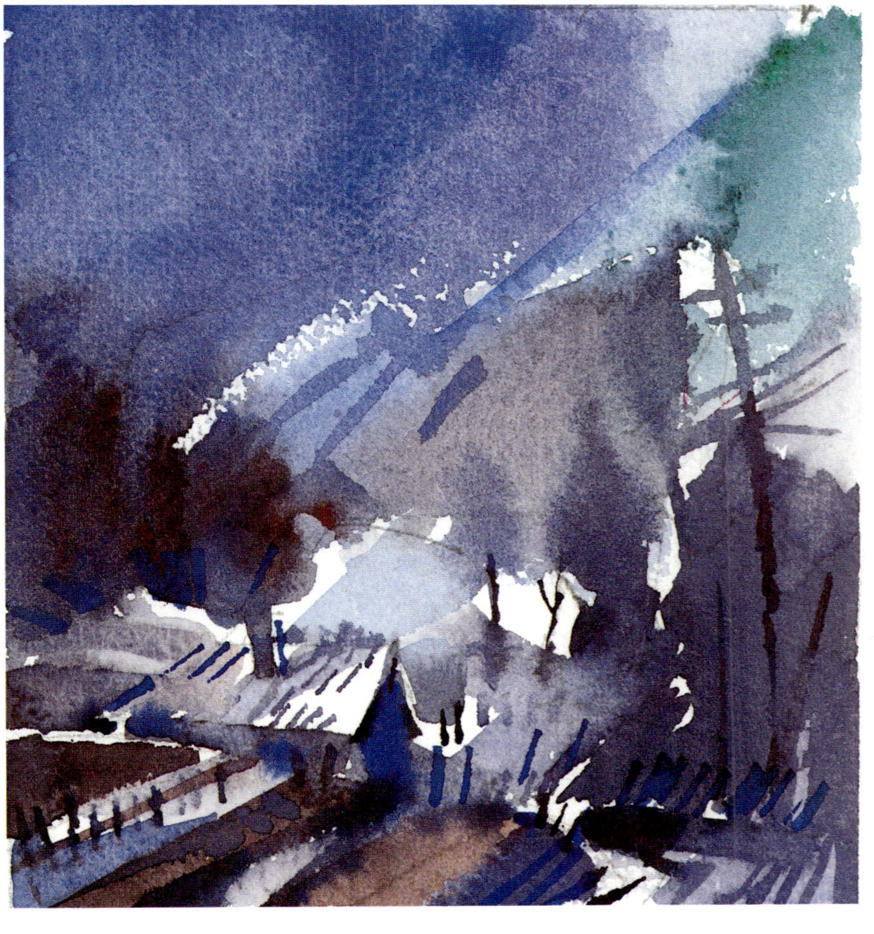

Das genaue Gegenteil: Kalt und abweisend sieht diese Landschaft aus. Auch hier gibt es kein dramatisches Motiv, und doch wirkt das Bild durch die Farbgebung kalt und unheimlich. Die ausgesparten Weißstellen lassen Schnee vermuten, auch das Krapplackrot verliert durch das Vermischen mit Blau seine Wärme.
Natürlich wird letztendlich immer der Künstler entscheiden, was für ihn persönlich wichtig ist und welche Farben ihm zusagen. Doch erst wenn man den Umgang mit kalten und warmen Farben in den Griff bekommt, kann man sie auch bewußt einsetzen und wird nicht mehr durch Ergebnisse überrascht, die man eigentlich gar nicht gewollt hat.

Das Wetter

Eine kleine Übung: Wolkenbildung naß in naß mit „gebürstetem" Regen.

Wetter ist bei uns immer ein Thema – es ist auch ein Thema für die Landschaftsmalerei. Aber im Gegensatz zu der allgemeinen Freude an gleichbleibend schönem Wetter, ist dieses „schöne Wetter" für den Maler eher langweilig. Interessante Wolkenbildungen, dramatischer Himmel oder verschleiernder Nebel sind meist reizvoller, als strahlender Sonnenschein. Das Darstellen dieser Wetterphänomene ist allerdings nicht leicht, wie so oft hilft auch da das Ausprobieren am besten weiter. Beobachten Sie einmal in Ruhe Wolken und deren Helligkeiten. Meistens ist die Wolke unten dunkler als oben, das ist aber fast der einzige feste Anhaltspunkt. Zerzauste Wolken haben andere Strukturen als geballte, vor dem Regen sieht eine Wolke völlig anders aus als während des Regens.
Die Naß-in-Naß-Technik eignet sich gut für einen bewegten Himmel, die ineinanderlaufenden Farben bilden häufig ganz von alleine Wolken.

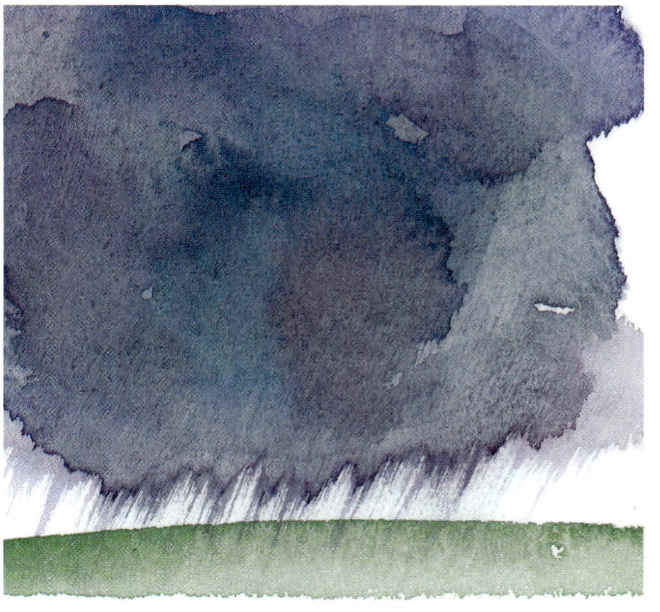

Naß auf trocken: Mit feinen Pinselstrichen auf fast getrockneten Farben läßt sich Regen andeuten. Ich habe es hier anders gemacht: Ich habe mit einem harten Flachpinsel die feuchte Farbe nach außen „gebürstet". Dann bin ich mit Violett noch einmal in den Himmel gegangen und habe das Blatt schräg gehalten. Dadurch ist die Farbe in die ausgefransten „Regenränder" gelaufen und hat sie betont.

Eine andere Technik, die Laurie Sartin bevorzugt: Die Wolken werden zuerst weiß ausgespart. In noch feuchtem Zustand wird dann die dunkle Farbe von oben und die helle von unten in die Wolken hineingezogen. Dazu verwendet er einen nicht zu dicken Pinsel (Nr. 6 oder Nr. 9) und vermalt, nur mit sauberem Wasser, die Farben in den weißen Untergrund. Die schönen, düsteren Töne entstehen aus Preußischblau, Umbra gebrannt und Violett.

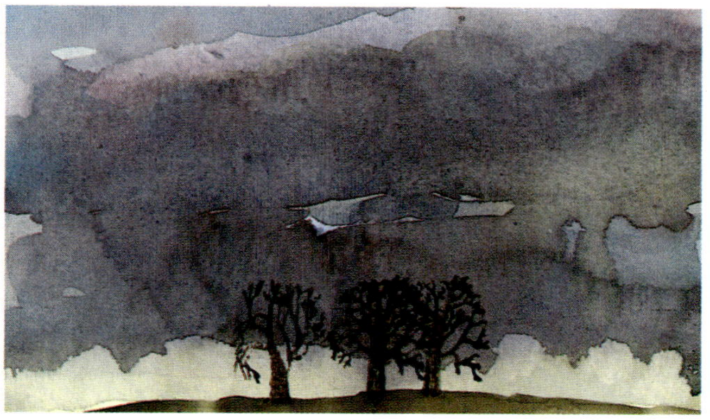

Vier Farbschichten wurden hier übereinandergemalt, und dann wurde das Blatt gekipppt, um eine regnerische Atmosphäre zu schaffen. Durch den Kontrast zu dem hellen Horizont wirkt der Himmel besonders düster.
Ein kleiner Gag im Vordergrund: Auf dem Flohmarkt habe ich einmal einen Stempel mit Baum erstanden. Ich habe ihn mit brauner Aquarellfarbe eingestrichen und auf die Wolkenstrukturen gedruckt. Dadurch wird die düstere Stimmung noch stärker unterstrichen.

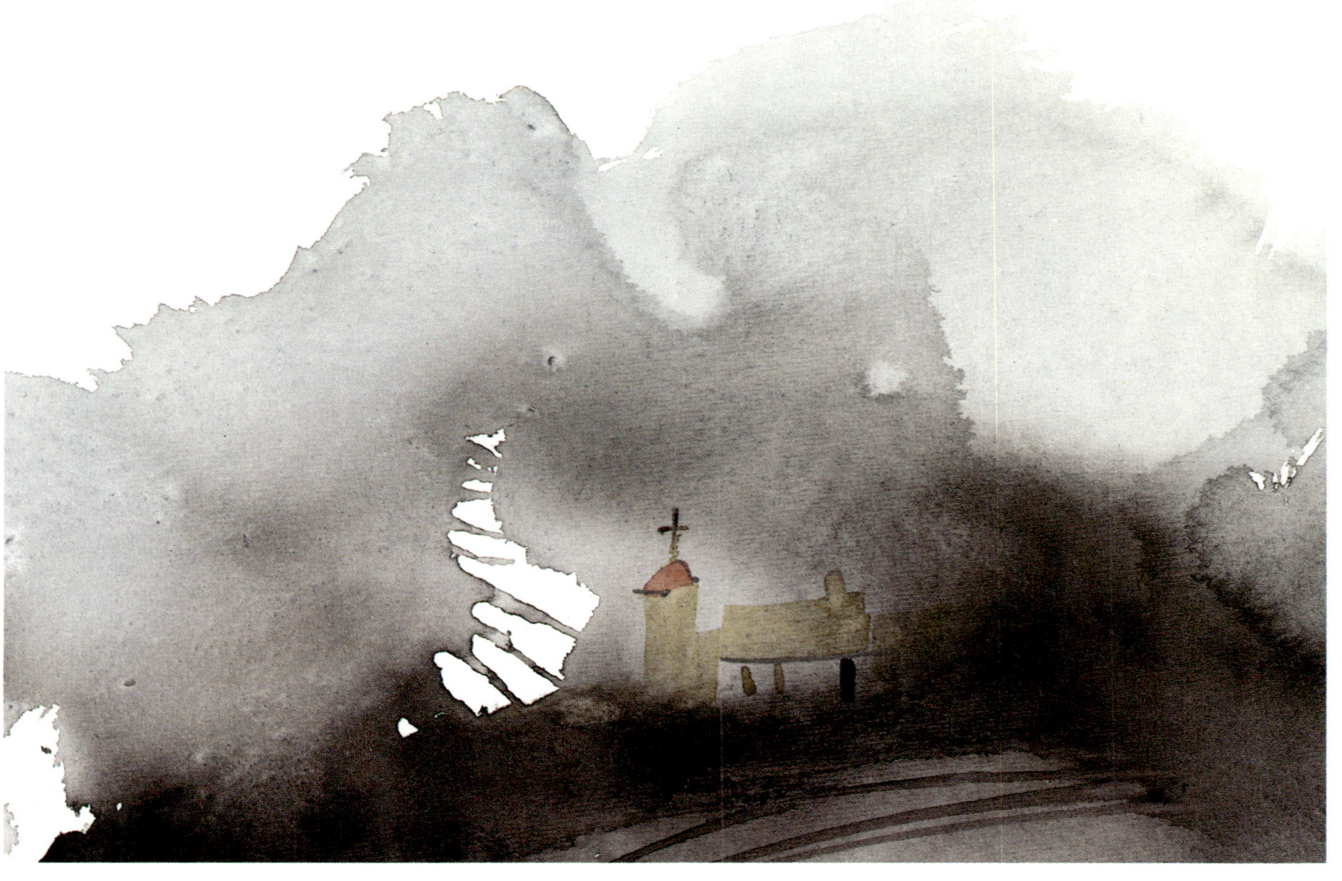

Nebel verbindet Farben und Formen, Kontraste gehen verloren. Darin kann ein besonderer Reiz liegen, er ist aber nicht leicht darzustellen. Die Farbgebung muß Ton in Ton sein, starke Kontraste sollte man vermeiden. Farben von Objekt und Hintergrund können ineinanderfließen und sich wiederholen. Lasieren ist hierfür eine gute Technik, da ja auch bei Nebel die Formen oft nur durchschimmern.
Mit sehr nassen Grau- und Brauntönen hat Eberhard Lorenz das Bild oben angelegt. Nach dem Trocknen des Untergrundes wurde die Kirche lasierend daraufgesetzt, der Ton des Untergrundes scheint noch durch.
Eine andere Möglichkeit rechts: Nasse Farben, manchmal verlaufend, manchmal mit ausgespartem Weiß, werden in noch feuchtem, aber nicht nassem Zustand durch harte Bürstenstriche vermischt (entweder mit einem harten Flachpinsel oder selbst zusammengebundenen Borsten).

Zum Ausprobieren

Schauen wir uns nun an einem fertigen Bild (Eberhard Lorenz hat es gemalt) die Kombination der verschiedenen Techniken an.
Zuerst habe ich die Gesamtkomposition grob skizziert. Es macht gar nichts, wenn man von den Bleistiftstrichen später noch etwas sieht. Dann habe ich das Papier mit einem Schwamm angefeuchtet, nicht zu naß, damit keine unnötigen „Pfützen" entstehen.

Naß in naß mit Fixogum

Auf dem feuchten Papier laufen die Farben weich ineinander. Auf der Gummilösung perlt die Farbe ab. Möchte man diese Tropfen beibehalten (gerade bei Wasser ergeben sich da oft hübsche Strukturen), darf man natürlich das Fixogum nicht abreiben. Möchte man aber eine rein weiße Stelle, wird das Fixogum nach dem Antrocknen der Farbe abgerieben.

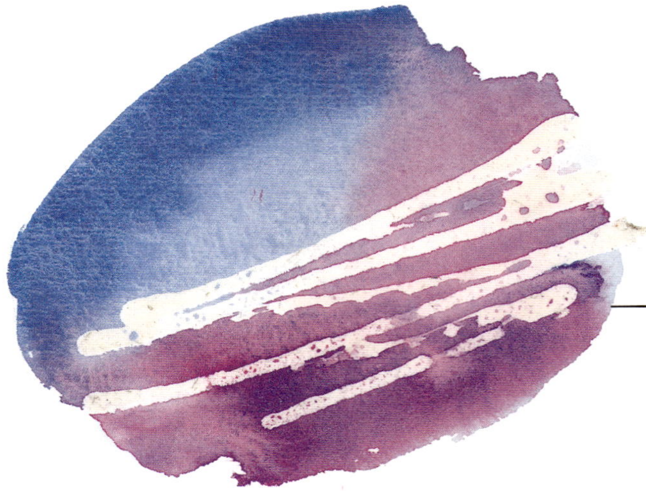

Der Regen

Um Regen anzudeuten, bin ich mit einem sehr harten Borstenpinsel über die feuchte Farbe gegangen. Was hier wie Farbstriche wirkt, ist lediglich die verwischte Farbe. Die dunklen Farbteile werden von den Borsten in die hellen getragen und umgekehrt. An manchen Stellen kratzt sich die Farbe auch ganz ab, und es erscheinen weiße Linien. Diese Strukturtechnik läßt sich vielfältig anwenden, zum Beispiel auch bei Grasflächen, Kornfeldern und ähnlichem. Die Striche müssen nicht immer so lang sein wie hier, auch mit vielen kurzen „Bürstenstrichen" lassen sich interessante Effekte erzielen.

Naß auf trocken

Hier habe ich die verlaufene Farbe vollständig trocknen lassen und bin dann mit einem Flachpinsel Nr. 6 und dunkleren Tönen darübergegangen. Dabei habe ich den Pinsel senkrecht gehalten und die kleinen „Striche" hineingetupft. Je nach Pinselhaltung verändern sich die Strichstärke und die Regelmäßigkeit des Aufdrucks.

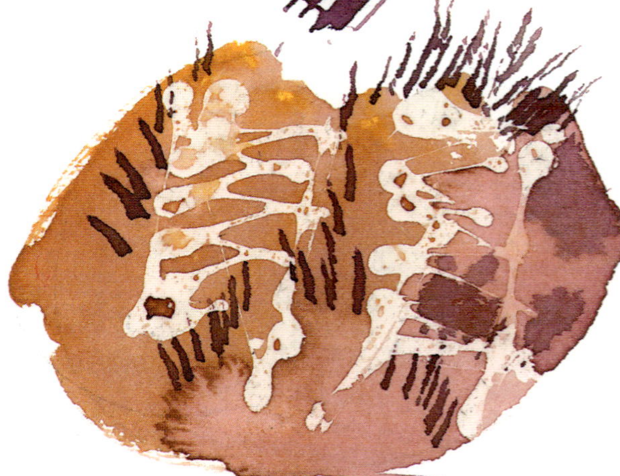

Zeichnen mit Fixogum

Hier und auch oben habe ich die Fixogumtube sozusagen als Zeichenstift verwendet und habe damit die Wasserspiegelung angelegt. Danach bin ich mit den nassen Farben darübergegangen und habe sie möglichst gezielt ineinanderlaufen lassen. Die Baumstämme werden durch blaue Farbstreifen durchbrochen, um das Wasser deutlicher zu machen.

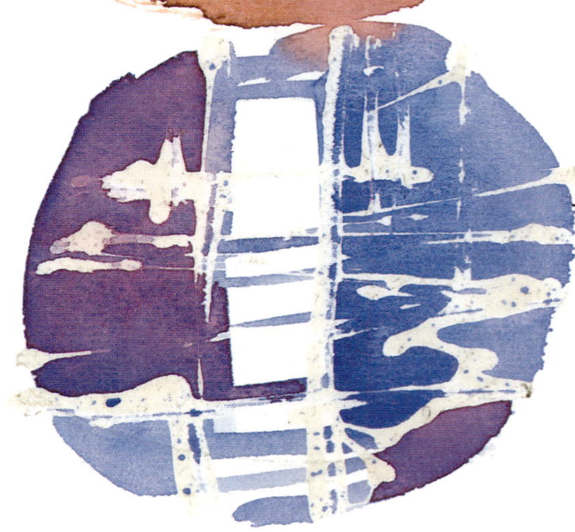

Verwendete Farben:
Ultramarin
Umbra gebrannt
Kadmiumgelb hell
Brillant-Purpur

Pinsel:
Marderhaar-Rundpinsel Nr. 12
Marderhaar-Flachpinsel Nr. 6

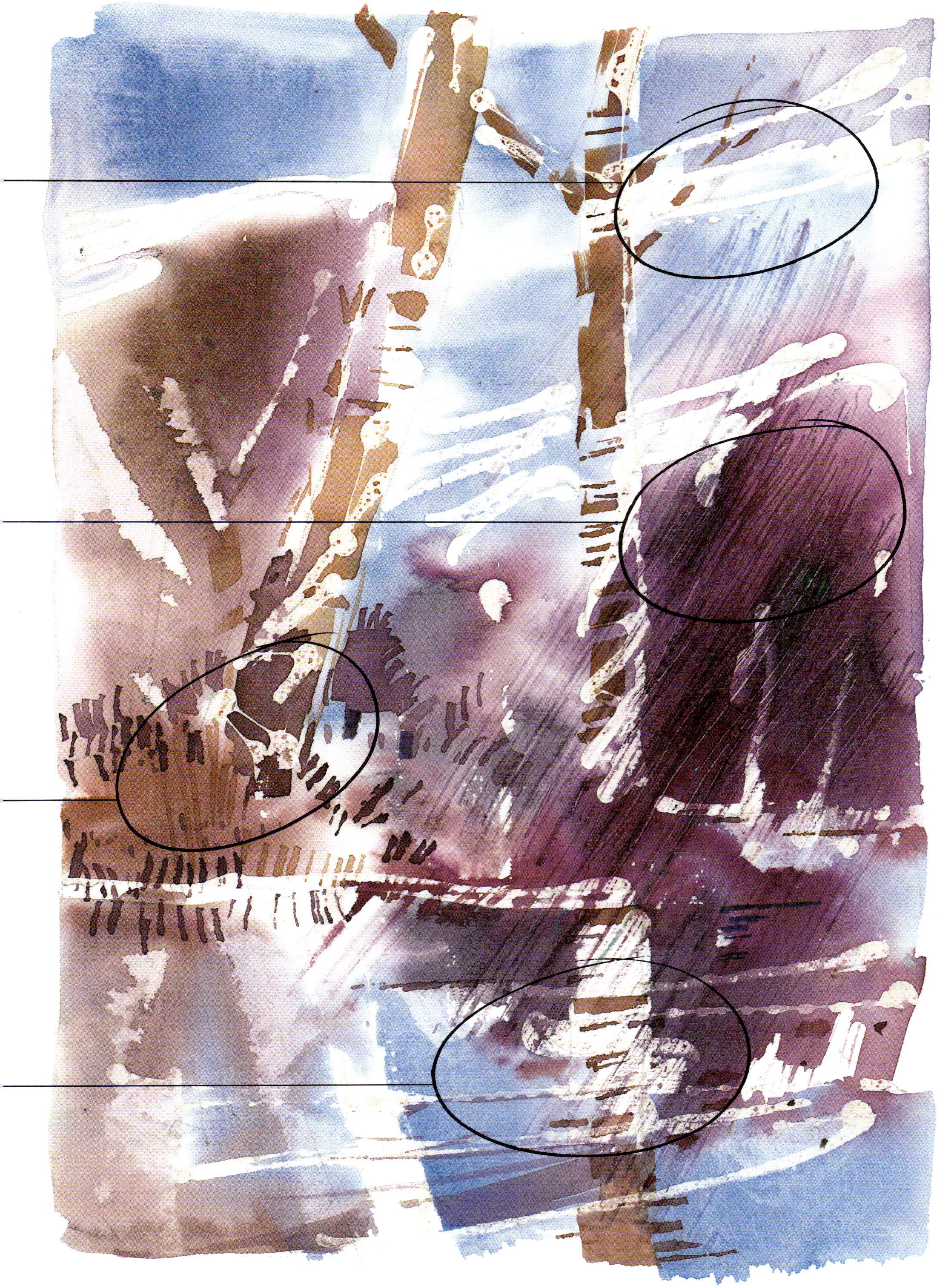

Sehen lernen

„Sehen muß man doch nicht lernen!" werden Sie vielleicht sagen. Doch sicher ist es Ihnen auch schon passiert, daß Ihnen, zum Beispiel in einer Landschaft, etwas aufgefallen ist, was die anderen gar nicht wahrgenommen haben. Es können drei Maler vor dem gleichen Ausblick sitzen und trotzdem unterschiedliche Bilder malen. Das liegt in erster Linie daran, daß jedem etwas anderes wichtig ist. Während der eine ein rotes Dach schön findet und es besonders herausarbeitet, ignoriert der andere das Dach, weil ihn die krumme Weide mehr interessiert.

Gerade bei der Landschaftsmalerei ist es am Anfang sehr schwer, sich zu entscheiden, was auf das Bild kommen soll. Man muß sich praktisch einen Ausschnitt aus der Landschaft suchen und diesen umsetzen. Damit kommen wir zum zweiten Problem: das Umsetzen. Immerhin soll etwas Dreidimensionales auf einem flachen Blatt Papier festgehalten werden und dort wieder dreidimensional wirken. Dazu muß man vereinfachen, man muß die Gesamtform wiedergeben und sich bei den Details auf das Wichtigste beschränken, da man einfach nicht jedes einzelne Blatt eines Baumes malen kann.

Um sich über die Möglichkeiten der Vereinfachungen klarzuwerden, gibt es ein Hilfsmittel, nämlich die Grundformen. Vieles läßt sich auf fünf Grundformen reduzieren: auf Quadrat, Dreieck, Kreis, Oval und Rechteck.

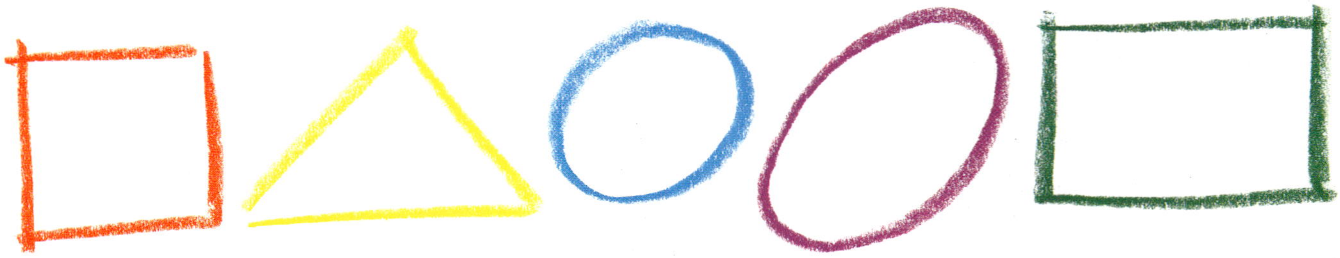

An der einfachen Landschaftsskizze unten sehen Sie das sehr deutlich. Auf einer Skizze, die locker mit Grundformen angelegt ist, kann man dann leicht aufbauen. Machen Sie doch einmal zur Übung ein paar solcher Skizzen. Sie lernen dabei sehr schnell, was man weglassen kann und was wichtig ist.

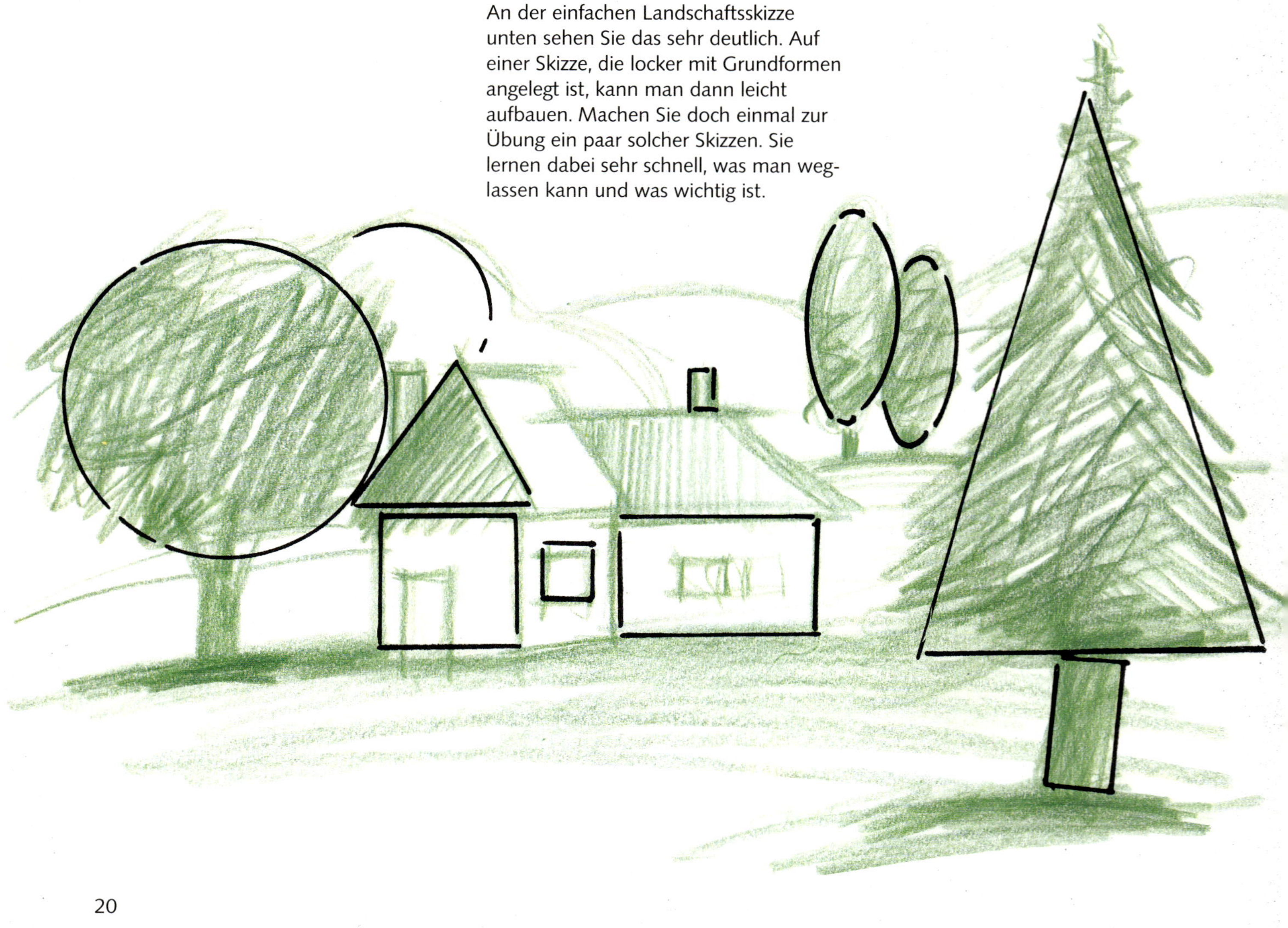

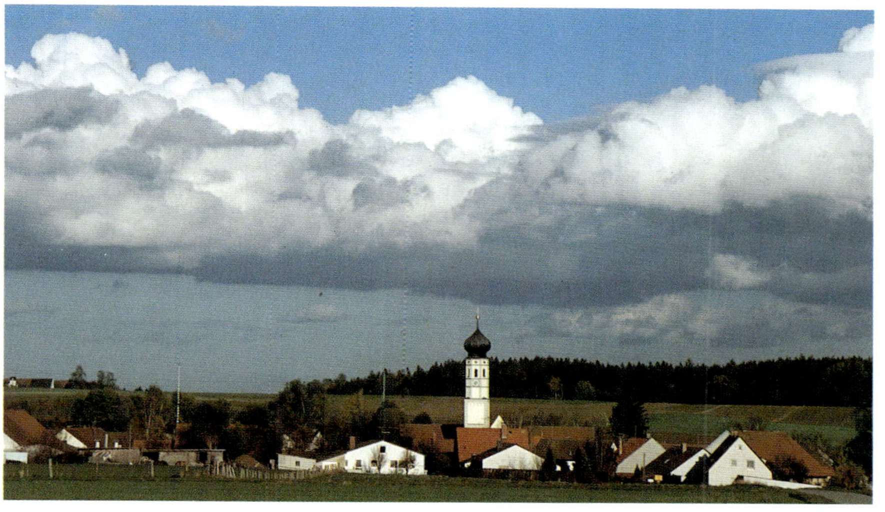

Sehen wir uns das an einem Beispiel an. Das Dorf, das sich hinter dem Hügel versteckt, mit den sich darüber zusammenballenden Wolken, bildet einen hübschen Ausblick, der durchaus zum Malen anregt.

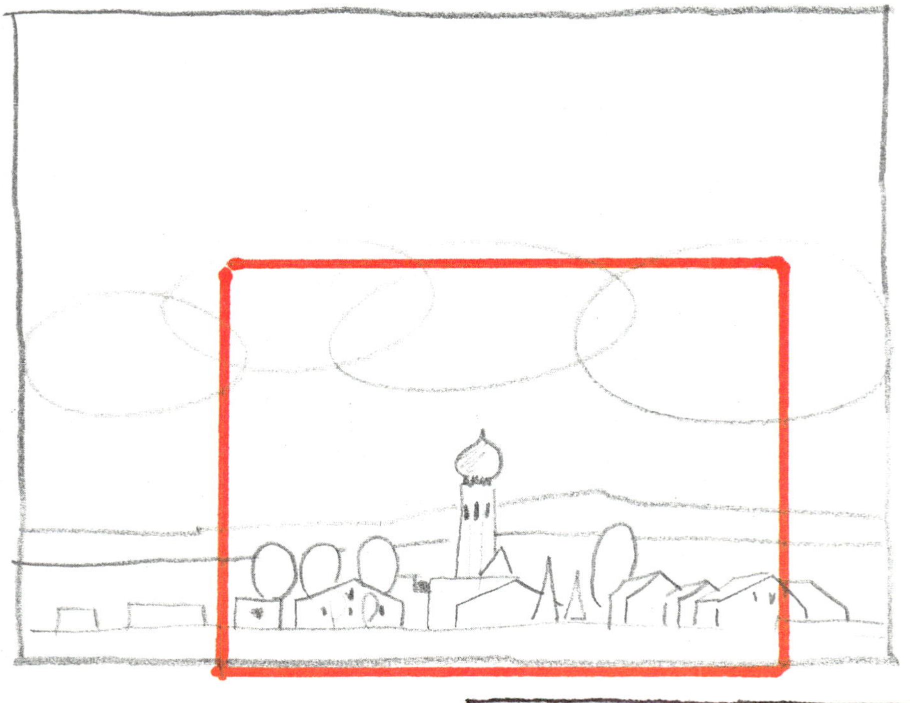

Um herauszufinden, wie er sich umsetzen läßt, löse ich ihn zuerst einmal in seine Grundformen auf. Wie Sie sehen, überwiegen Kreis, Oval, Dreieck und Rechteck.
Die Komposition ist nicht uninteressant mit dem dominierenden Himmel und den kleinen Häusern. Nun habe ich aber keine Lust, so viele Wolken zu malen, und möchte mich lieber auf den Ort konzentrieren. Ich suche mir also einen Ausschnitt aus dem Ganzen.

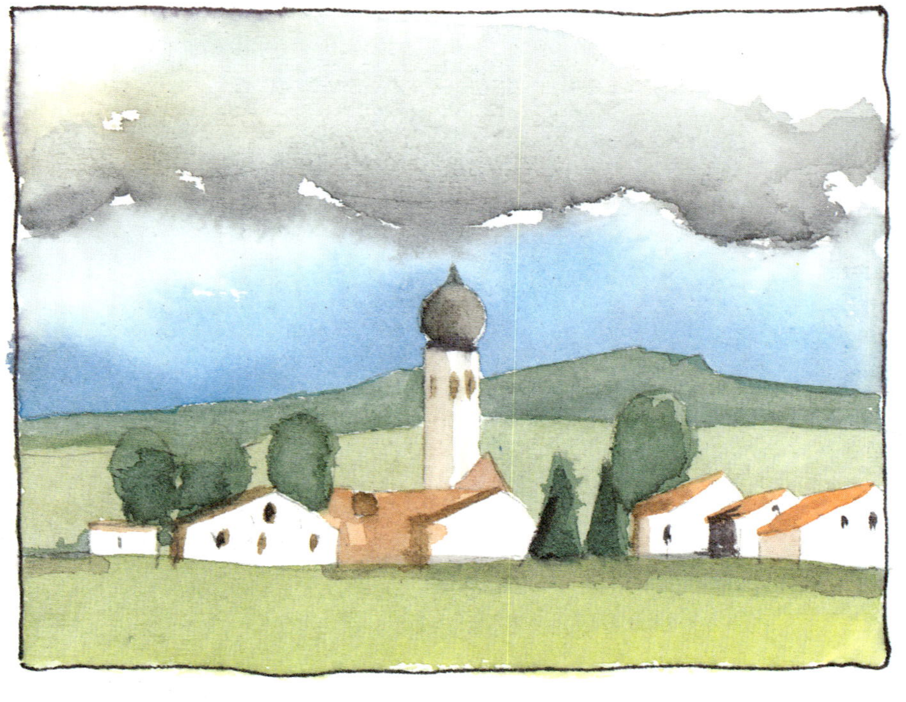

Die Vereinfachung hilft mir, mich für das zu entscheiden, was mir wichtig erscheint. Nun spielt der Himmel keine große Rolle mehr, ich stelle die Häuser besonders heraus und unterstreiche die Stimmung mit den Wolken. Sie müssen nie genau das malen, was Sie sehen. Nehmen Sie die Natur als Anregung und setzen Sie sie nach Ihrem individuellen Empfinden um.
Was würden Sie aus dieser Landschaft machen? Skizzieren Sie es in einfachen Formen auf.

Positive und negative Flächen

Eine Komposition besteht nicht nur aus dem Motiv, das dargestellt wird, sondern auch aus den Formen, die zwischen den einzelnen Objekten entstehen. Wenn man sich ein Motiv in der Natur sucht, ist es nur durch den eigenen Blickwinkel eingegrenzt. Auf dem Blatt aber bekommt es Begrenzungen, bestimmt durch das Format des Papiers, normalerweise rechteckig oder quadratisch. Wenn man nun sein Motiv in diesen „Rahmen" setzt, entstehen nicht nur zwischen den einzelnen Objekten Formen, sondern auch zwischen den Objekten und der äußeren Begrenzung. All diese negativen Flächen sind für die Gesamtkomposition ebenso wichtig wie die positiven. Nehmen wir ein einfaches Beispiel, den Baum.

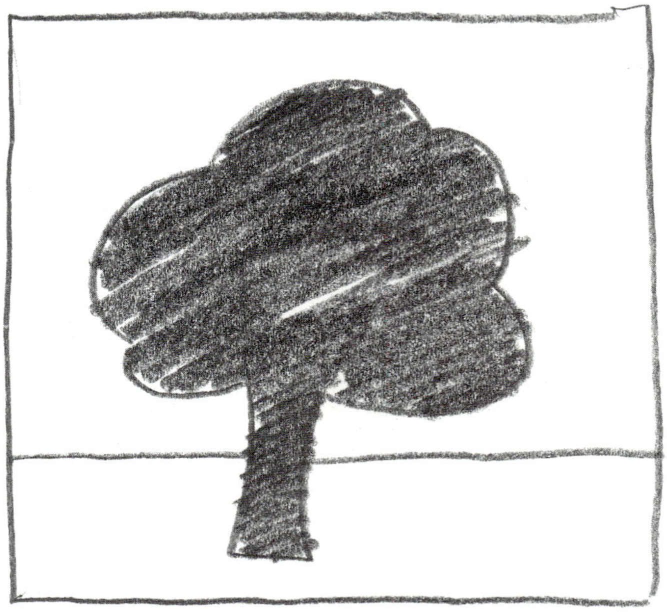

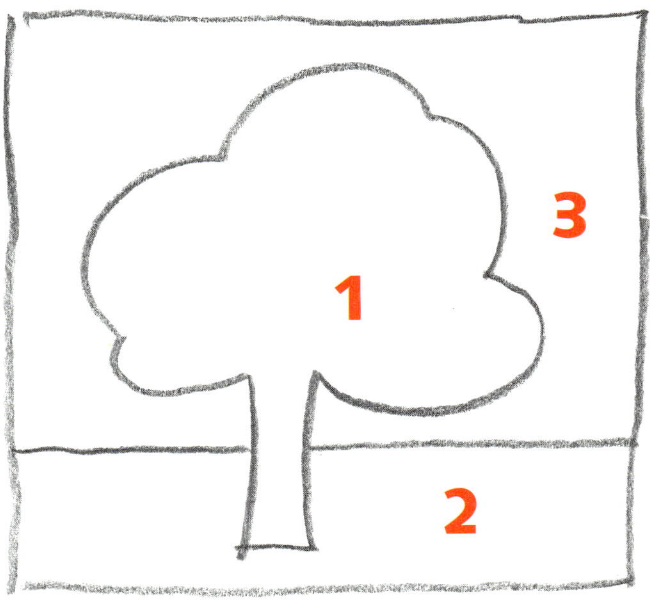

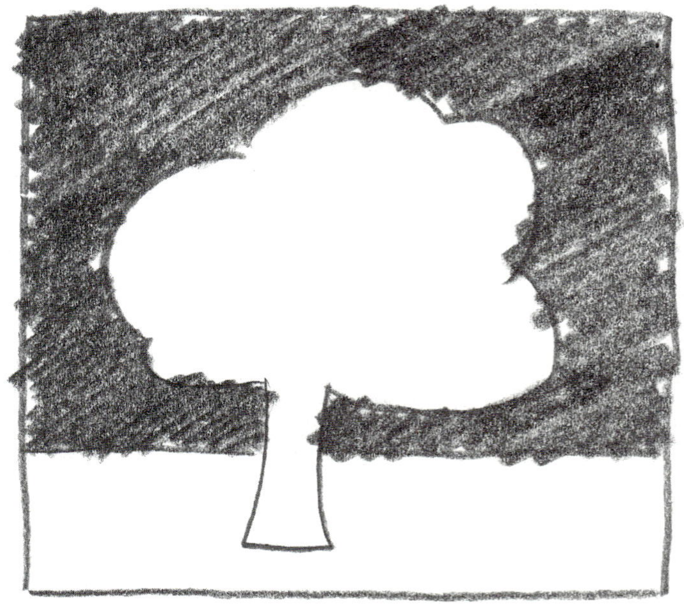

Ist keine der Flächen irgendwie besonders hervorgehoben, dann sehen Sie aus reiner Gewohnheit einen Baum auf einer Fläche. Genaugenommen aber sind da drei Formen: der Baum, der Boden und der Hintergrund.
Alle drei Formen braucht man für die Aussage des Bildes. Soll der Baum das Wichtigste sein, so wird er hervorgehoben. Vielleicht aber geht es um einen stürmischen Himmel, und der Baum spielt nur eine untergeordnete Rolle, dann wird plötzlich die Form des Hintergrundes zum bestimmenden Element.
Es könnte aber dem Künstler nur auf die Wiese ankommen, dann wird er sich mit der unteren Form beschäftigen.
Die negativen Flächen sind also ein wesentlicher Bestandteil der Komposition und müssen genauso sorgfältig geplant werden wie die positiven.

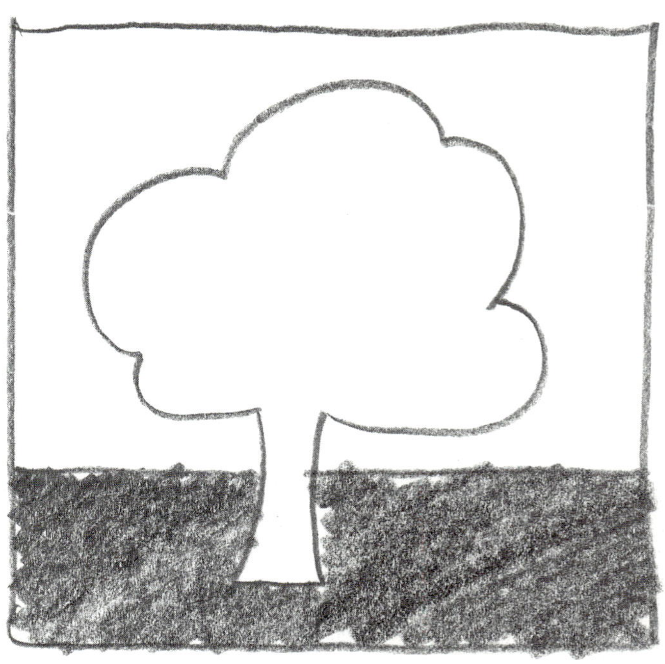

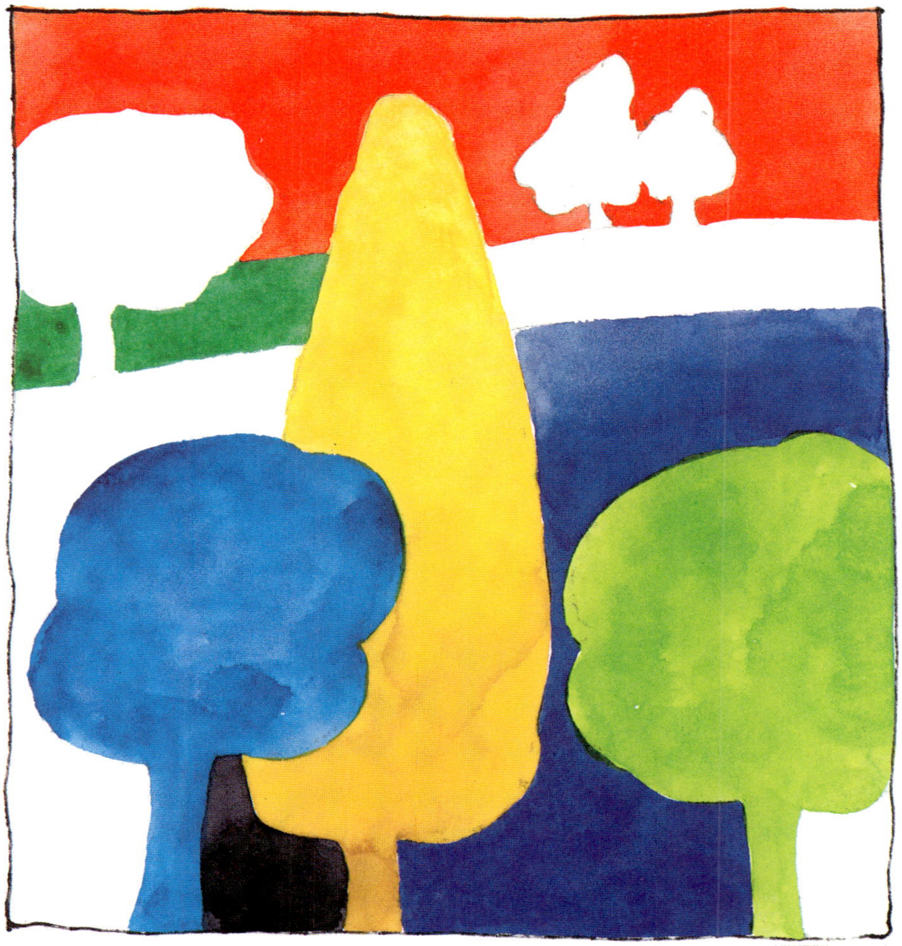

Sehen wir uns das Ganze an einem etwas komplizierteren Beispiel an.
Wir haben hier zwei verschiedene Bilder, obwohl es sich um die gleiche Komposition handelt.
Ich habe einfach mit den positiven und den negativen Flächen gespielt, um Ihnen deren Bedeutung vorzuführen.
So sind im oberen Bild zum Beispiel die großen Bäume im Vordergrund, die kleinen dagegen unterstützen lediglich die Form des roten Hintergrundes.
Unten stehen die kleinen Bäume deutlich gegen den Hintergrund; die beiden großen vorn wirken dagegen eher wie Löcher, geben aber den sie umgebenden Flächen die Form.
Ich habe mich jetzt absichtlich nicht um die Aussage der Farben gekümmert. Ob sie nun kalt, warm, fröhlich oder düster sind, spielt hier im Moment keine Rolle.
Ich möchte Ihnen nur zeigen, wie vielfältig der Umgang mit Formen und Flächen sein kann.

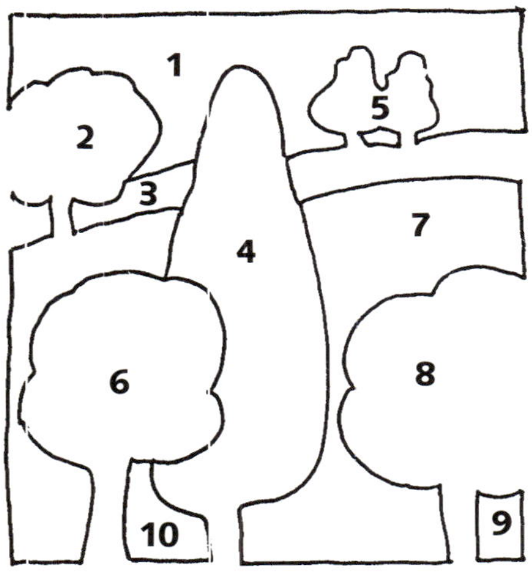

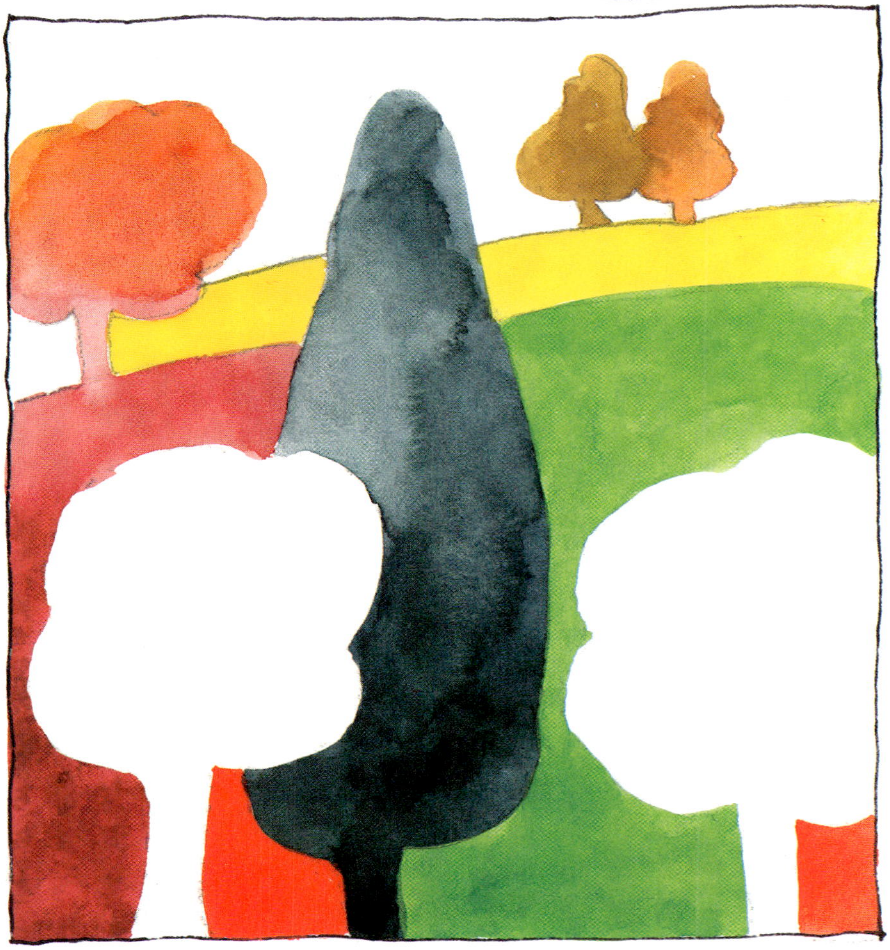

Machen Sie einmal ganz einfache Kompositionsskizzen und sehen Sie sich an, welche Formen zwischen den Formen entstehen. Betrachten Sie auch einmal vorhandene Bilder oder Bilder bekannter Maler daraufhin.

Bildtiefe

Wir haben schon gesehen, daß durch das Verändern der Größen und das Überschneiden von Formen optische Tiefe entsteht. Doch auch die Farben tragen dazu bei, ein Bild mehr oder weniger „flach" erscheinen zu lassen. So kann die „falsche" Farbe die Tiefe eines Bildes, die man schon durch die Komposition erreicht zu haben glaubt, wieder zunichte machen. In der Landschaftsmalerei gibt es hierzu ein paar Regeln, die die Arbeit erleichtern (die man aber natürlich, wie vieles in der Malerei, bei fortgeschrittenem Können auch umwerfen kann).
Dinge, die weiter entfernt sind, erscheinen nicht nur kleiner, man sieht sie auch nicht so deutlich. Sie wirken durch die Luft, die zwischen uns und ihnen liegt, dunstiger, grauer und weicher. Objekte in nächster Nähe aber sieht man ganz detailliert, sie sind schärfer und dunkler. Dadurch ergibt sich für den Maler die einfache Regel: Dinge, die nah sind, wirken kräftiger als die, die weiter entfernt sind.

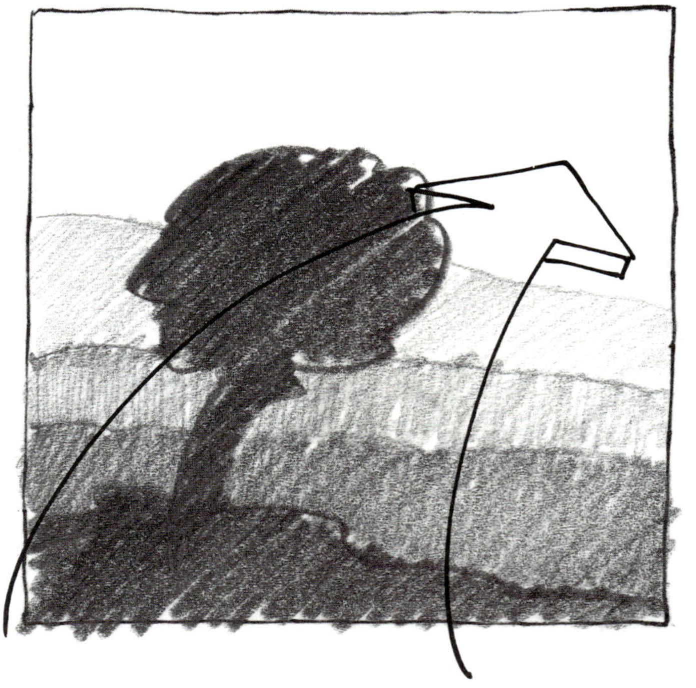

Wenn Sie Lust haben, machen Sie eine kleine Übung, um das Auge zu schulen: Skizzieren Sie mit weichem Bleistift eine einfache Landschaft, bei der Sie im Vordergrund mit Schwarz beginnen und nach hinten immer heller werden.
Dann versuchen Sie das Gleiche mit Farbe. Legen Sie sich eine Farbskala mit fünf oder sechs Farbabstufungen an, beginnend mit dem dunkelsten Ton. Machen Sie dann mit diesen Farbtönen kleine Skizzen, bei denen es nur auf optische Entfernungen ankommt. Auf diese Weise werden Sie schnell mit der Wirkung von Tonwerten vertraut und bekommen mehr Sicherheit im Umgang mit Farbkompositionen.

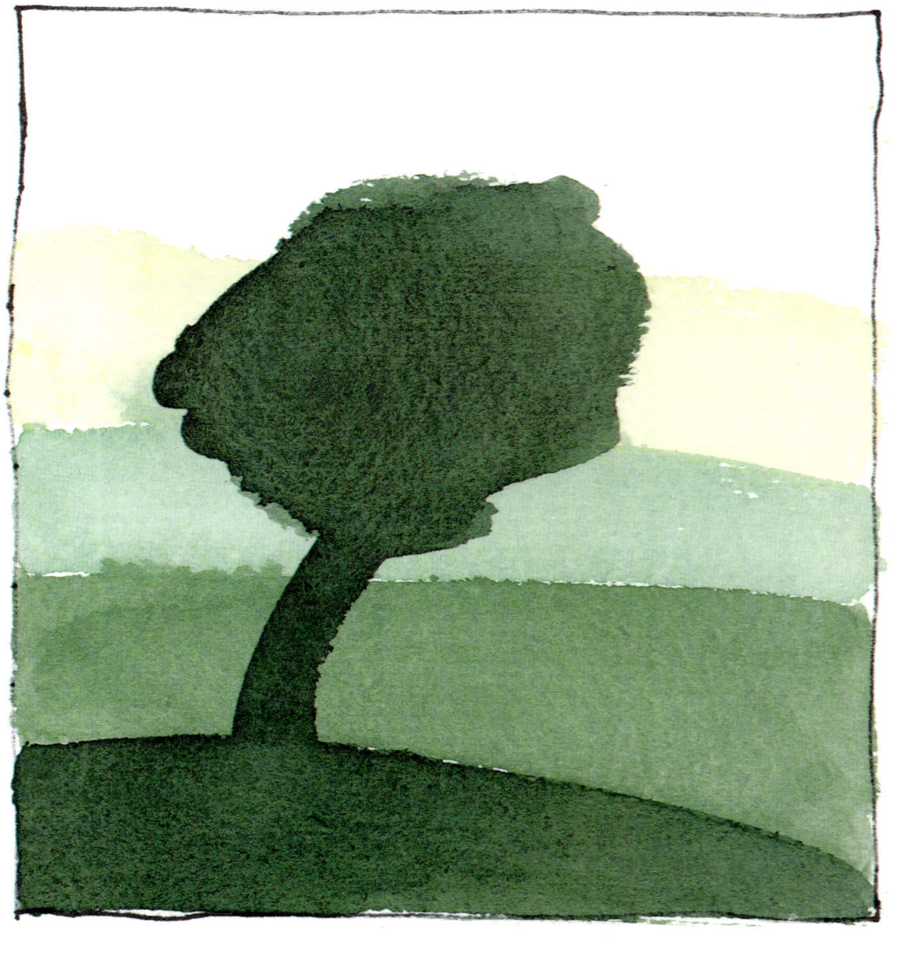

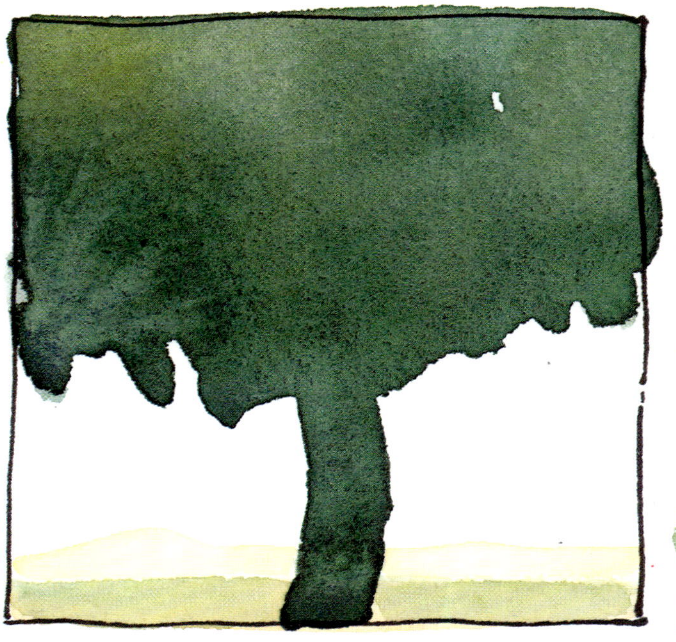

Nähe

Betrachten wir die Wirkung von Raumaufteilung und Farbtönen anhand solcher kleinen Skizzen.
Sehr nah scheint der große, dunkle Baum. Das Auge muß praktisch um diesen Baum herumwandern und sieht dann erst die hellen Hügel, die in weiter Ferne zu liegen scheinen.

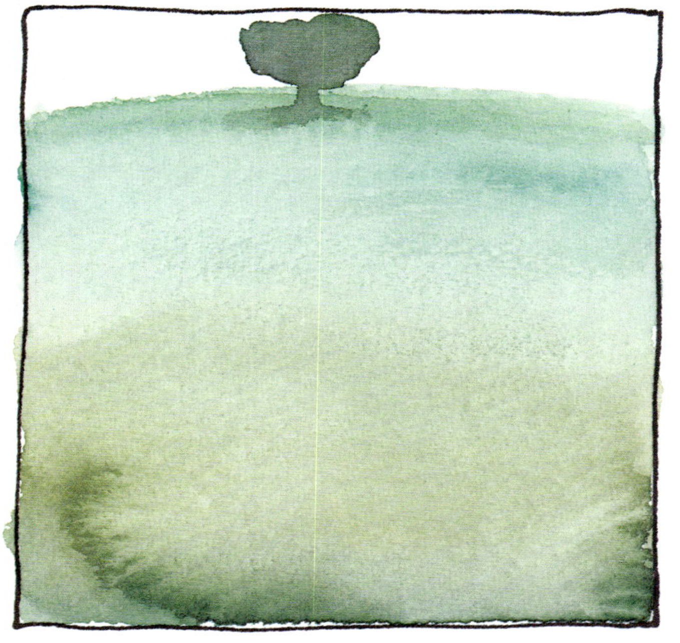

Entfernung

Hier wird das Auge auf seinem Weg zu dem Bildobjekt durch nichts gestört. Die große, grüne Fläche führt es direkt zum Bildmittelpunkt, dem Baum. Seine Größe unterstützt den Eindruck von Entfernung.

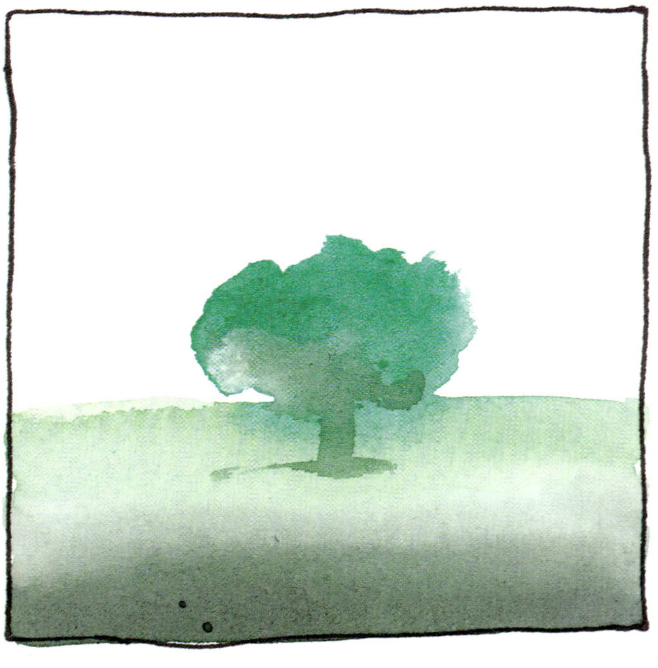

Ruhe

Alle Flächen sind ausgewogen, nichts ist von übertriebener Größe oder extremer Farbgebung. Das Objekt befindet sich ziemlich genau in der Bildmitte, nichts verursacht Spannung, alles ist harmonisch und ebenmäßig und strahlt deshalb Ruhe aus.

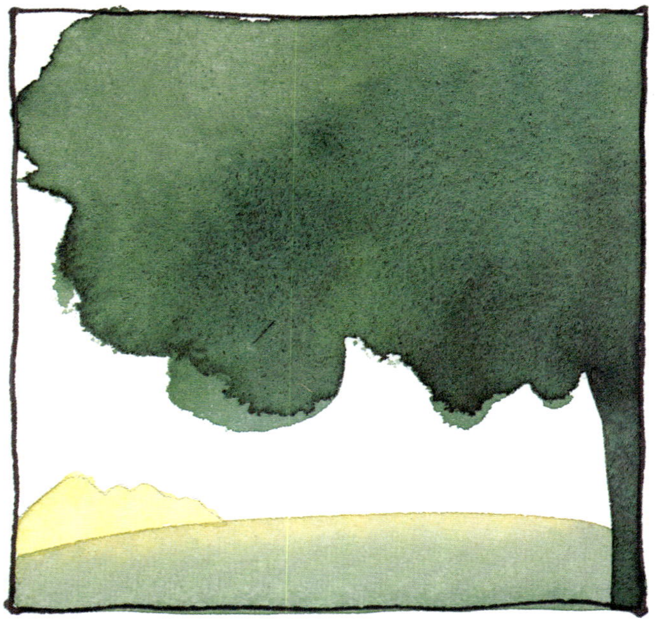

Spannung

Genau das Gegenteil passiert hier. Der Mittelpunkt des Bildes ist leer, dafür aber zwingt der extrem nach rechts versetzte Baum das Auge dazu, aus dem Bild zu wandern, die nach links versetzten Hügel bewirken das gleiche.

Licht und Schatten

Wir haben gesehen, wie man vereinfacht und wie man den Bildraum aufteilt. Nun sollen die Objekte auf unseren Bildern auch noch plastisch wirken. Solange man nur in Umrissen zeichnet, erkennt man zwar, um was es sich handelt, die Dinge aber bleiben flach, sie wirken nicht dreidimensional. Erst das Licht und der dazugehörige Schatten formen einen Gegenstand. Durch den Schatten wird aus einem Kreis eine Kugel und aus einem Quadrat ein Würfel.

Bleiben wir bei dem Baum als Beispiel. Nur durch eine Linie gezeichnet, ist er zwar als solcher erkennbar, aber völlig flach.

Nun kommt Licht von rechts oben, schon nimmt der Baum „Formen" an, Stamm und Krone werden rund.

Wir unterscheiden zwei Schatten: Den Körper- oder Eigenschatten und den Schlagschatten. Durch den Eigenschatten, also den Schatten am Objekt selbst, entsteht Plastizität. Der Schlagschatten dagegen zeigt die Position des Objekts, also ob es steht, liegt oder schwebt.

Der Eigenschatten ist immer heller als der Schlagschatten, da das vom Licht angestrahlte Umfeld durch seine Reflexionen den Schatten am Körper aufhellt.

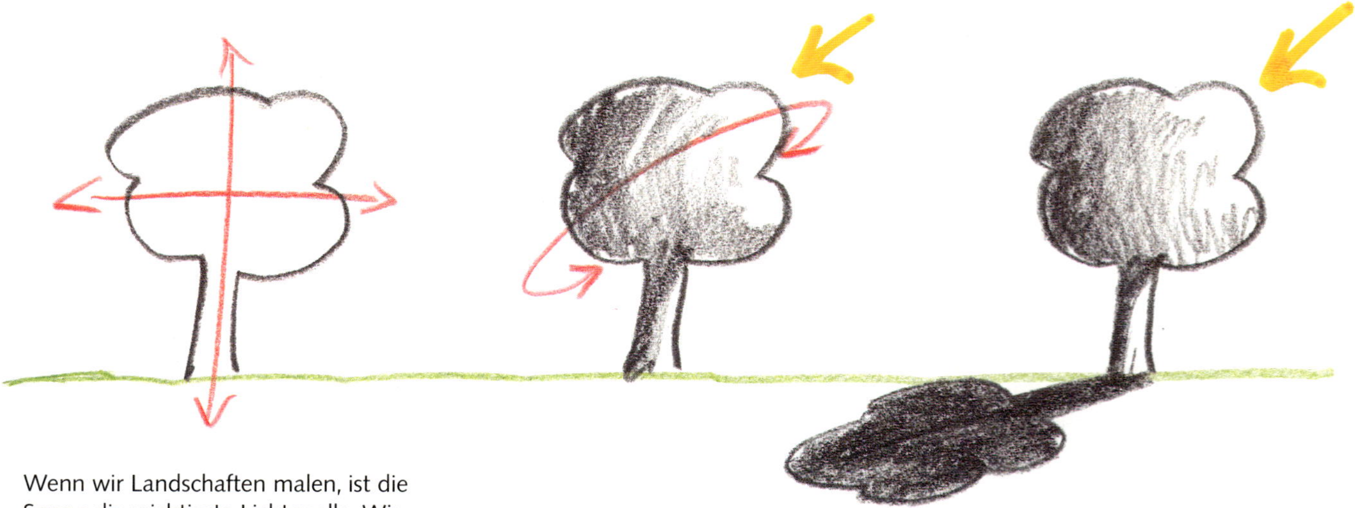

Wenn wir Landschaften malen, ist die Sonne die wichtigste Lichtquelle. Wir können nicht, wie bei künstlichem Licht, die Schatten schaffen, die uns zusagen. Form und Länge des Schlagschattens hängen vom Stand der Sonne ab. Da die Sonne sich nicht gleichmäßig um ein Objekt bewegt, wird der Schatten zur Mittagszeit, also bei einem Lichteinfall direkt von oben, kurz. Je weiter die Sonne nach unten wandert, um so länger wird der Schatten.

Die Sonne kommt von links oben, der Schatten ist nicht sehr lang.

Kommt die Sonne direkt von oben, ist der Schatten kurz und zeigt fast nur, daß das Objekt steht.

Die Sonne kommt rechts von der Seite, der Schatten wird lang.

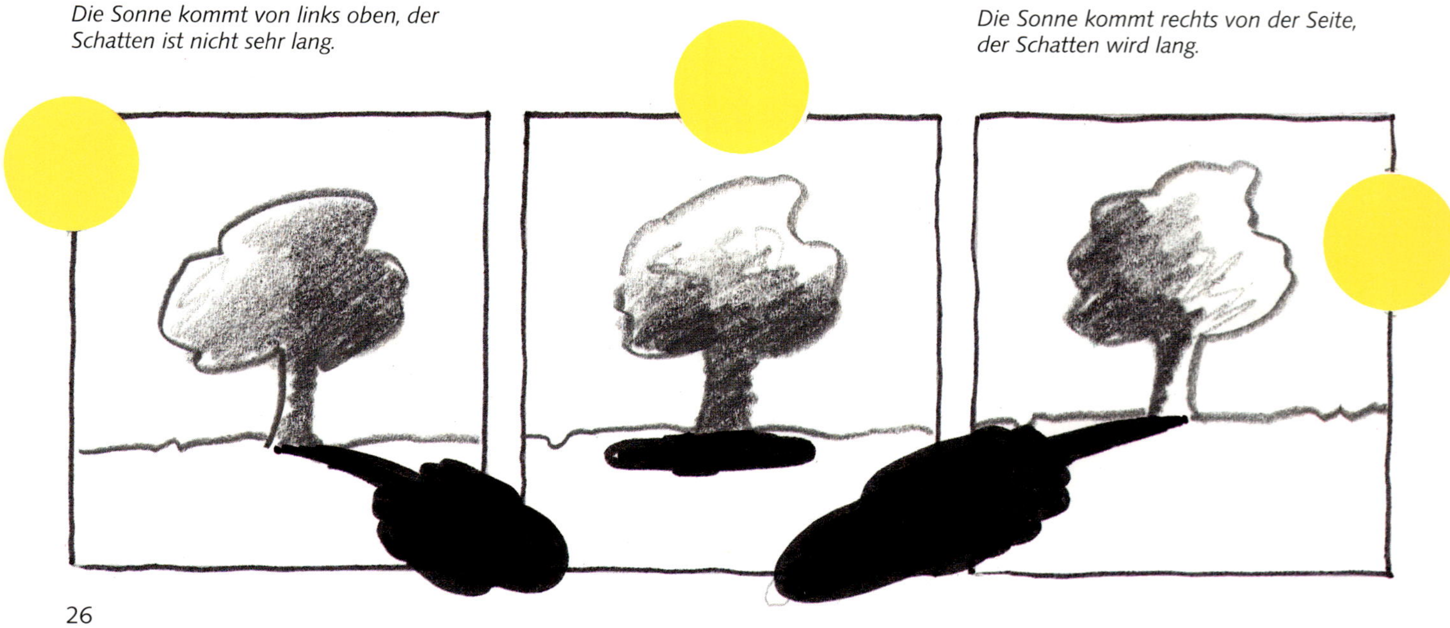

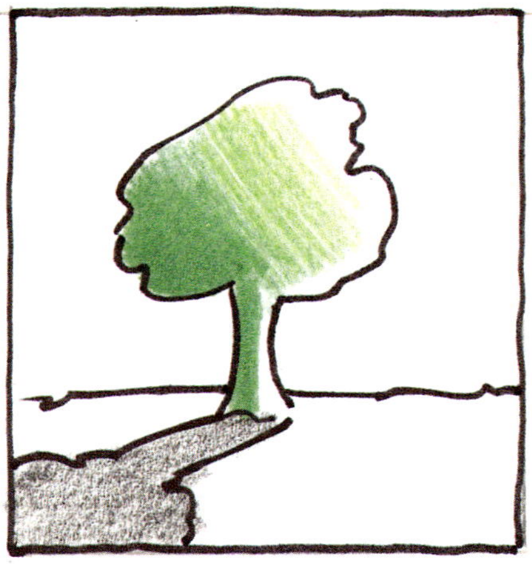

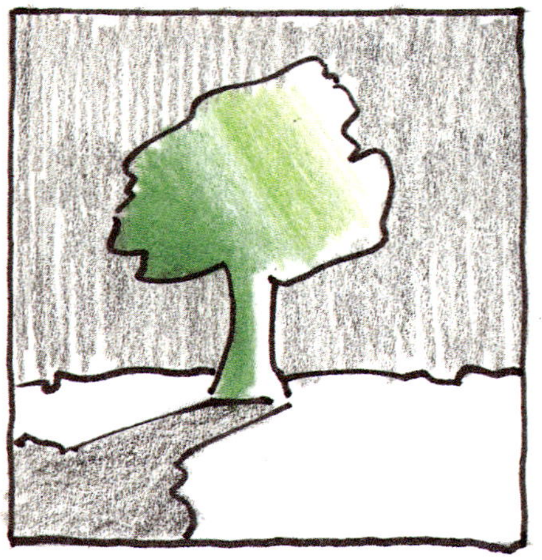

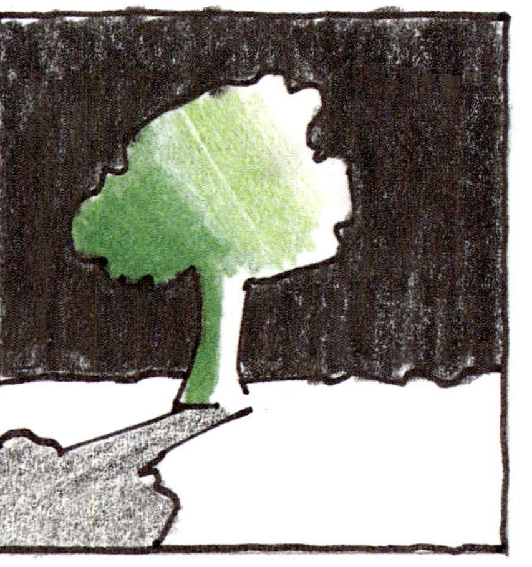

Auch das Umfeld beeinflußt den Schatten. Sind hier in allen drei Bildern die Tonwerte der Schatten die gleichen?

Es sind die gleichen Tonwerte, doch wenn der Hintergrund sehr hell ist, wirkt der Schatten dunkler, ist der Hintergrund dunkel, dann wirkt der Schatten heller. Aber auch hier bleibt der Schlagschatten dunkler als der Eigenschatten.

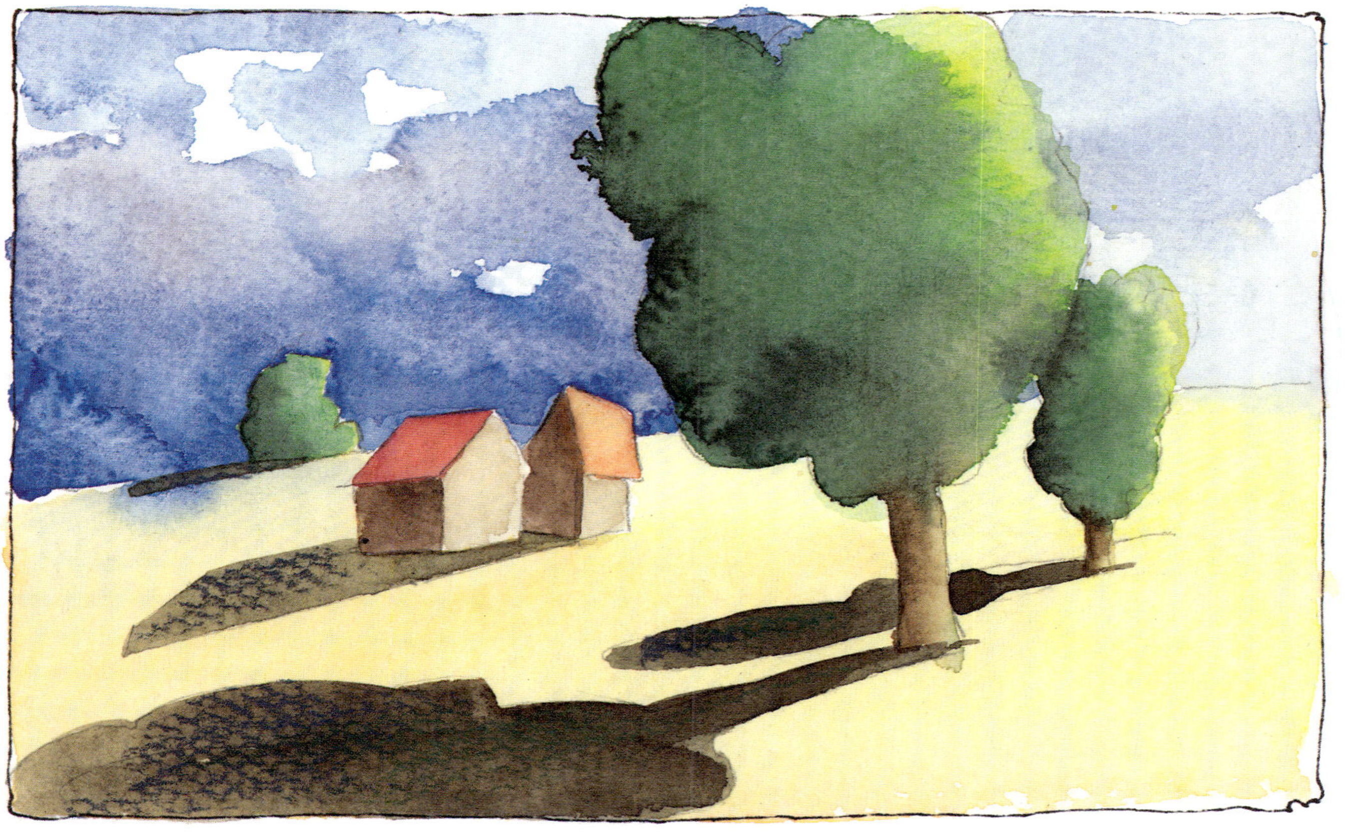

Leider gibt es kein gültiges Rezept, wie und mit welchen Farben Schatten zu malen sind. Sicher ist nur, daß kein Schatten einfach grau oder schwarz ist, da sich alle möglichen anderen Farben darin wiederfinden. So ist in freier Natur der Schatten häufig bläulich, da der Himmel darin reflektiert wird. Genausogut kann eine rote Hauswand oder ein gelbes Auto auf den Schatten Einfluß nehmen. Und natürlich spielt der Untergrund des Schattens eine Rolle.
Auf dieser gelblich bis ockerfarbenen Fläche habe ich einen Braunton als Grundfarbe für den Schatten gewählt. Etwas Grün von den Bäumen und ein leichtes Blau durch den Himmel machen den Schatten lebendiger.
Bei Körperschatten hilft im Aquarell die Technik insofern ein wenig, als man mit dem Verlaufen und dem Ineinanderfließen der Farbe die Objekte sehr wirkungsvoll formen kann.

Alles zusammen auf einen Blick

Wir wollen uns nun an fertigen Bildern noch einmal die einzelnen Kompositionselemente anschauen, damit das Ganze für Sie nicht zu sehr Theorie bleibt.
Ein deutliches Beispiel für Bildtiefe ist die Straße mit den Telegrafenmasten unten. Natürlich spielt hier die Perspektive eine große Rolle, da die nach hinten zusammenlaufenden Fluchtlinien den Eindruck von Entfernung vermitteln.

Die Grundformen können Sie leicht erkennen, es sind fast nur Rechtecke und Dreiecke. So sind zum Beispiel nicht nur an den Hausdächern Dreiecke zu erkennen, sondern auch der Berg zwischen Masten und Haus ergibt ein solches.

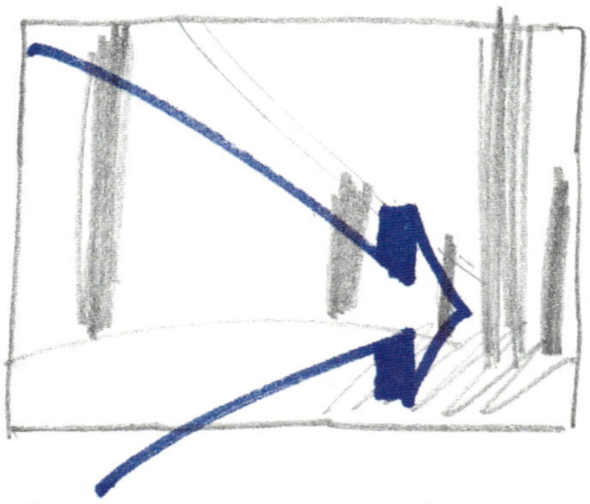

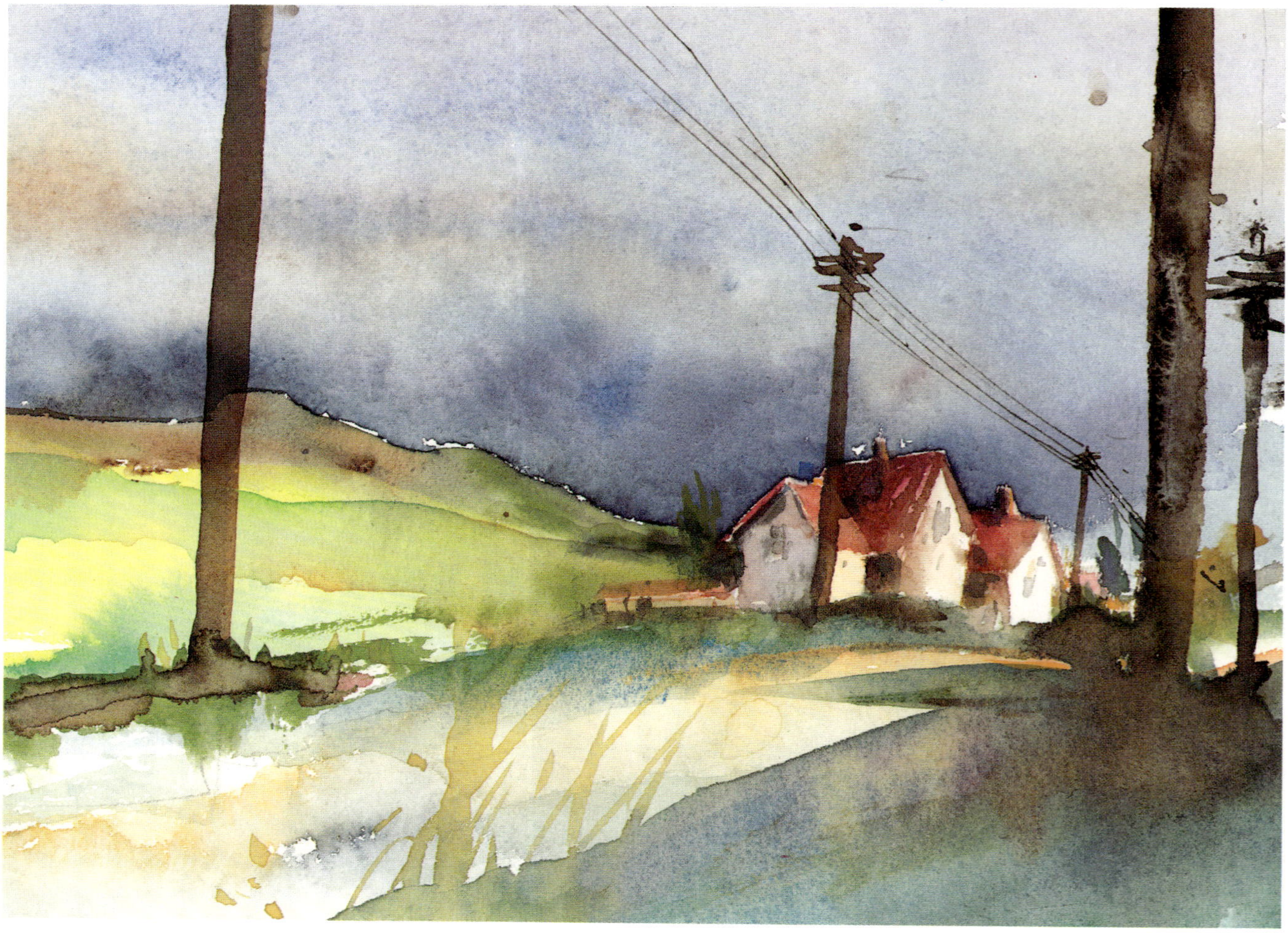

Interessant ist das Zusammenwirken von positiven und negativen Flächen. Die negativen Flächen sind für die Bildgestaltung von gleicher Bedeutung wie die positiven, da der etwas bedrohliche Himmel ebenso wichtig ist wie die Landschaft selbst. Um das zu verdeutlichen, habe ich es noch einmal schwarzweiß aufskizziert und dabei die Flächen vertauscht.

Masten und Vordergrund sind leicht als positive Flächen zu erkennen und dominieren im Bild.

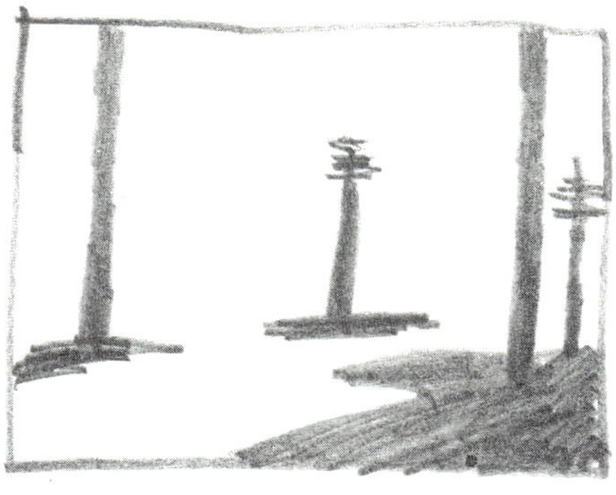

Jetzt habe ich die negativen Flächen hervorgehoben. Sie sehen, daß sie genauso wichtig sind.

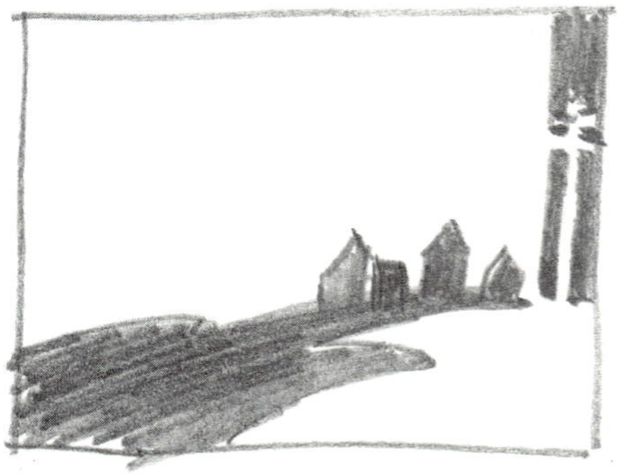

Ganz auf die Wirkung von Licht und Schatten ist dieses Bild aufgebaut. Es wurde bewußt auf den Himmel verzichtet, da der Schwerpunkt ganz auf der Farbstimmung der Bäume liegt. Man muß nicht immer das Bild bis an den Rand „vollmalen“, um eine interessante Stimmung zu erzeugen. Die Form der Bäume wird durch Licht und Schatten geprägt, der Stamm wird erst durch seinen Körperschatten rund, die Häuser stehen durch ihren Schlagschatten fest auf dem Grund.

Das Licht kommt in diesem Bild von rechts oben, entsprechend ist die Schattenbildung.

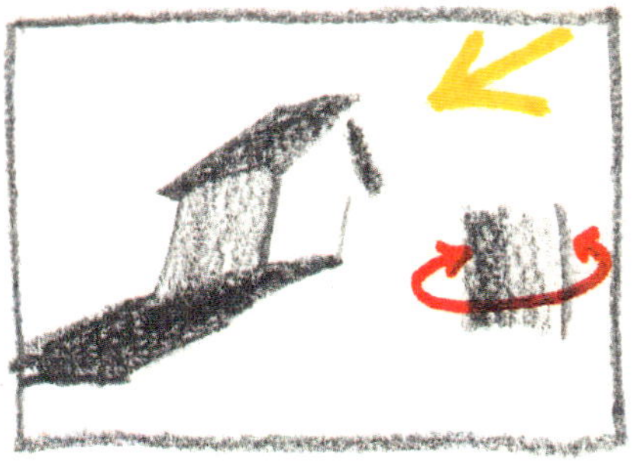

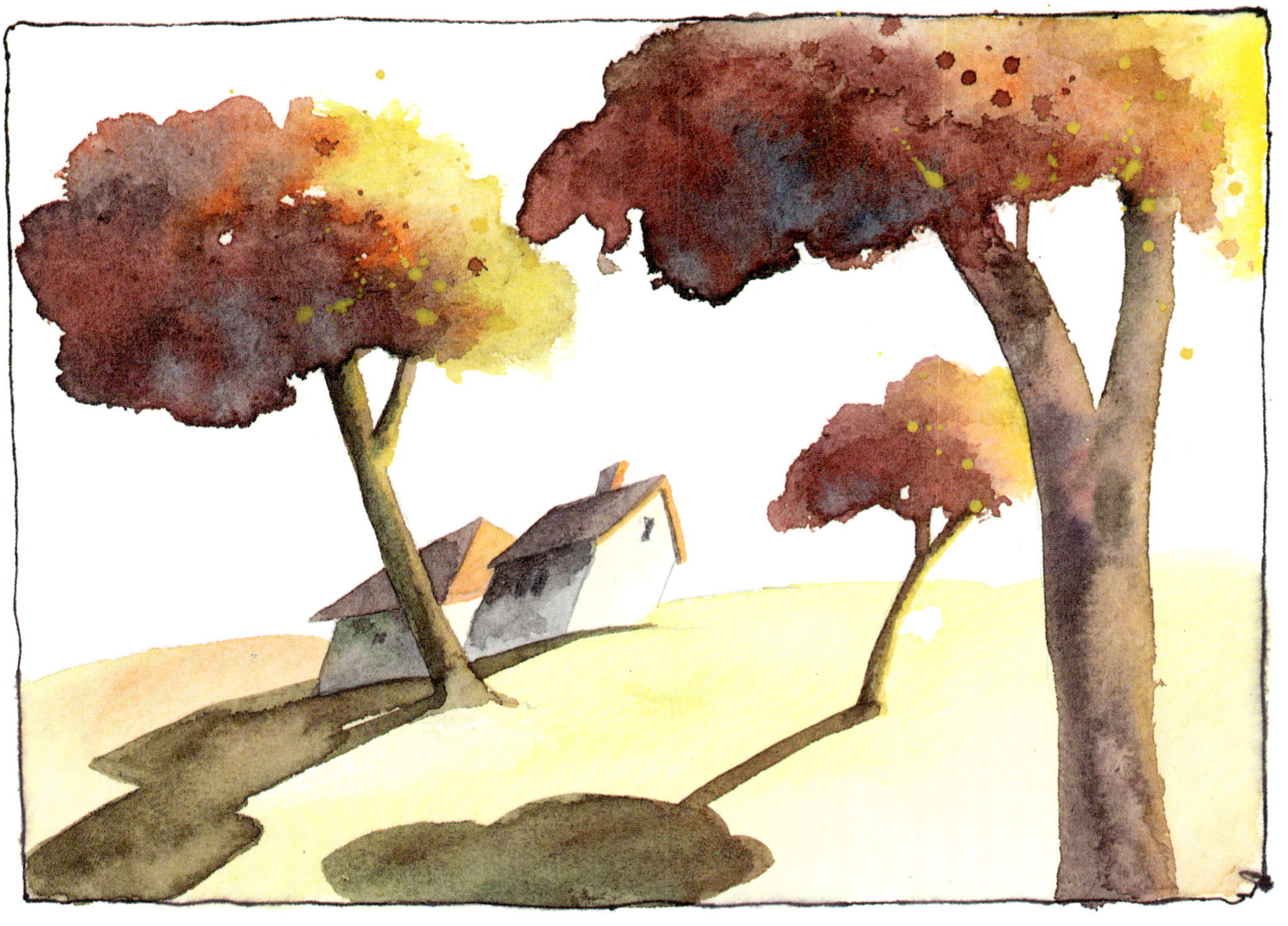

Die ungewöhnliche Linienführung läßt den Blick nicht zur Ruhe kommen, da die einzelnen Bildelemente nahezu gleichwertig sind. Durch den Lichteinfluß, der extrem betont wird, verstärkt sich die herbstliche Atmosphäre. Bei solch ungewöhnlichen Kompositionen empfiehlt es sich, zuerst kleine Konstruktionsskizzen zu machen, in denen man sich die Grundformen vergegenwärtigt.

Kleine Konstruktionsskizzen helfen oft, sich die Perspektive zu verdeutlichen.

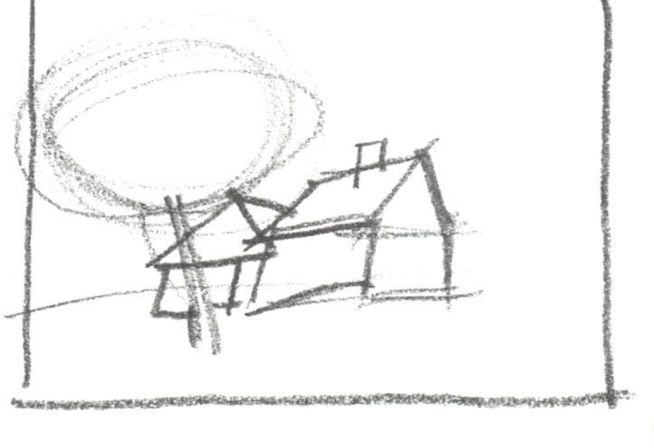

Der Blick wird in die Außenbereiche des Bildes geführt, dadurch entsteht eine starke Spannung.

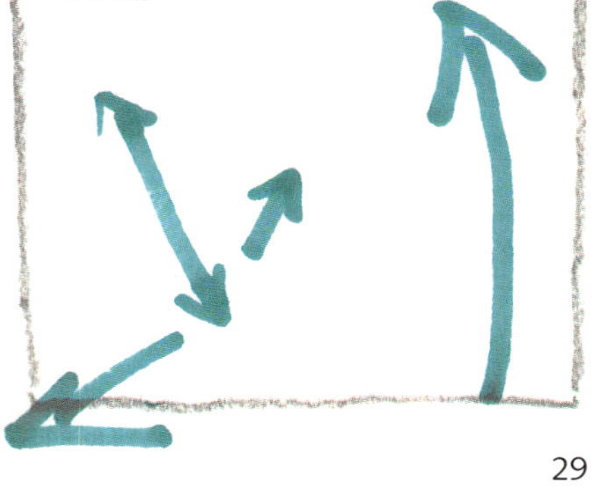

Skizzen

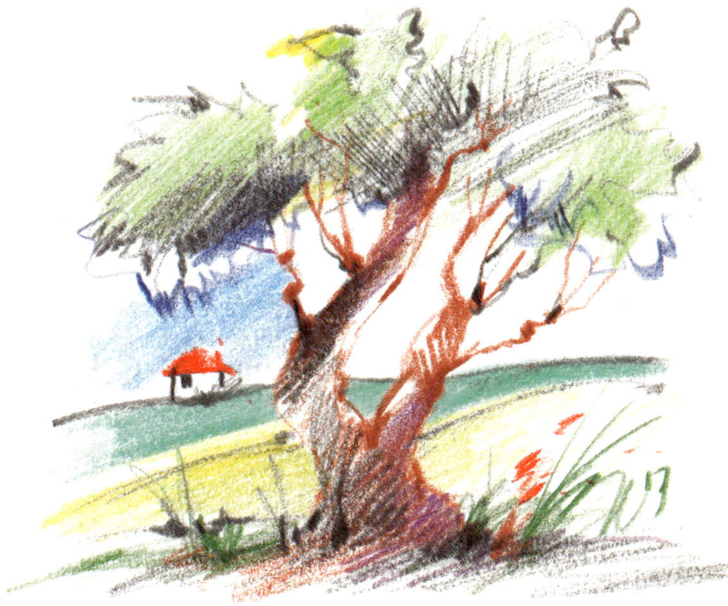

Oben: Eine kleine Skizze mit Farbstiften, bei der ich die heitere Stimmung festhalten wollte. Besonders gereizt hat mich das rote Dach, dessen Farbe sich im Vordergrund bei einigen Blumen wiederholte. Dabei kam es mir nur auf die Farben an, nicht auf die Art der Pflanzen.

Häufig wird man von einer Landschaft inspiriert und bekommt Lust, sie zu malen, hat aber natürlich keinerlei Malutensilien dabei. Später zu Hause kann man sich nicht mehr so gut daran erinnern, und das Bild bleibt ungemalt. Manchmal möchte man aber auch zu Hause malen und weiß einfach nicht, was. In solchen Fällen ist ein Skizzenblock äußerst hilfreich. Er muß nicht groß sein, man kann ihn überallhin mitnehmen, und es genügt ein Bleistift, Filzstift oder sogar ein Kugelschreiber, um Gedanken oder Eindrücke bildlich festzuhalten.
Was ist denn nun überhaupt eine Skizze?
Eine Skizze hält in knapper Form etwas fest, was man nicht vergessen möchte. Es kann eine Idee sein, ein Motiv, das einem gerade auffällt, oder eine Situation, die man optisch festhalten möchte. Gerade bei der Landschaftsmalerei, also bei Reisen und Ausflügen, helfen Skizzen, sich an Gesehenes zu erinnern.
Skizzen können aber auch der Vorbereitung zu einem Bild dienen, man probiert verschiedene Kompositionen oder Farben aus, je nachdem, was man malen möchte. Das heißt aber nicht, daß die Skizze immer nur ein Nebenprodukt sein muß. Gerade in der Spontaneität und auch in der Unfertigkeit kann ihr Reiz liegen.
Auf Reisen wird so ein Skizzenblock zu einer Art Reisetagebuch, das persönlicher ist als eine Sammlung von Fotografien. Macht man es sich zur Gewohnheit, immer einen Skizzenblock bei sich zu haben, hat man bald einen großen Vorrat an Anregungen und Motiven, die man weiter verarbeiten kann. Dabei spielt es keine Rolle, welches Papier man verwendet. Praktisch ist ein Block, der durch ein Deckblatt geschützt ist. Hefte eignen sich aber genausogut, ebenso unbedruckte gebundene Bücher. Letztere haben den Vorteil, daß man sich keine feste Unterlage suchen muß.

Unten: Während einer Fahrt durch die Türkei haben mich die verschiedenartigen Bäume fasziniert. Ich habe sie schnell mit einem weichen Bleistift skizziert.

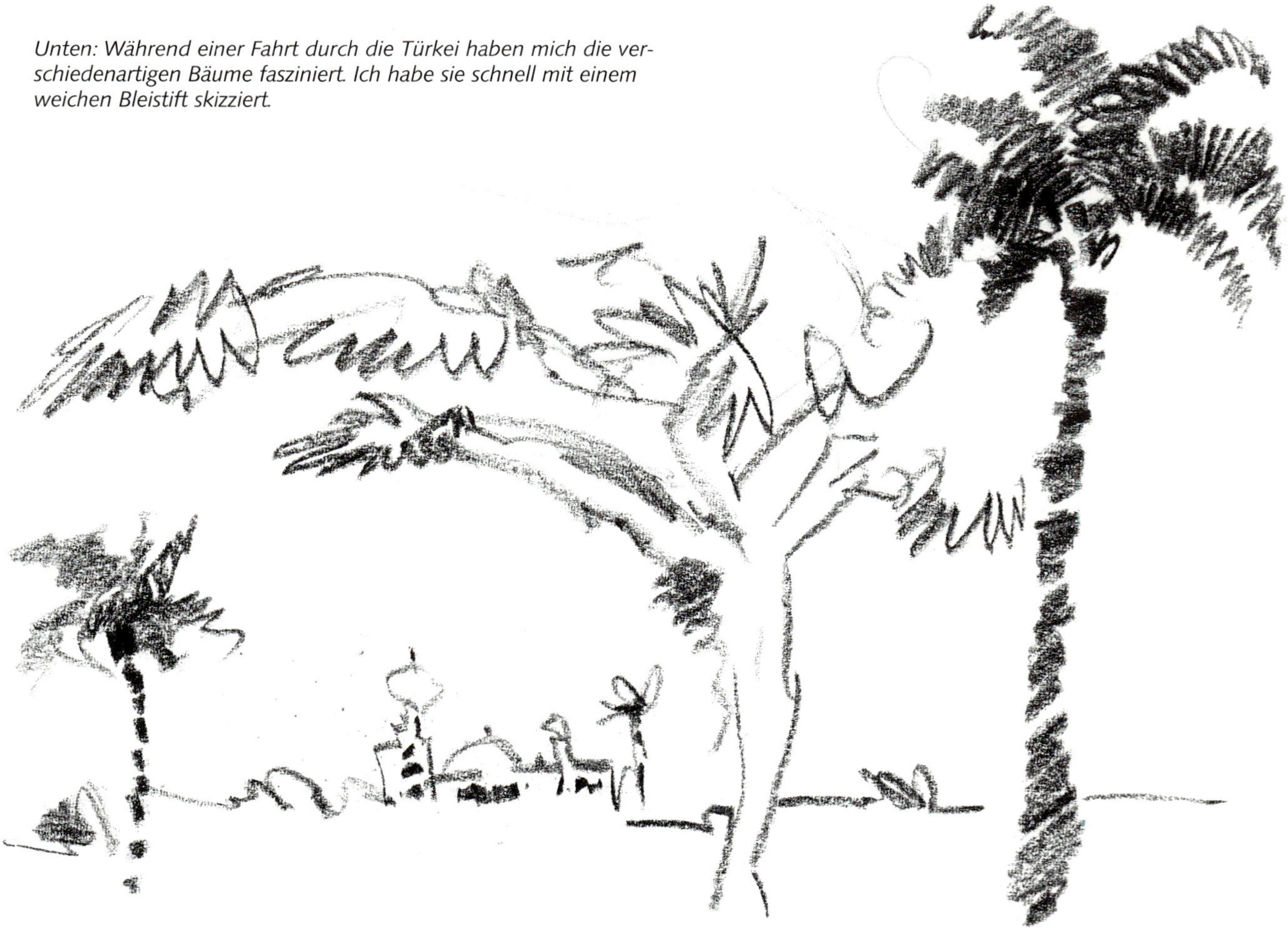

Interessant waren für mich die Formen zwischen den Weinstöcken. Ich habe Wachskreiden dafür verwendet.

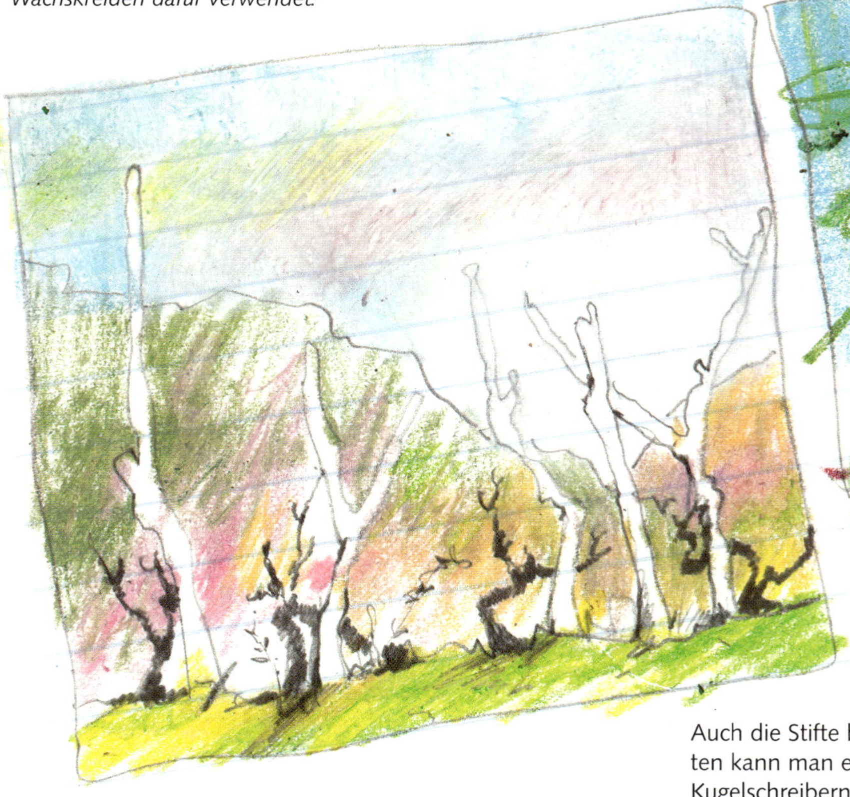

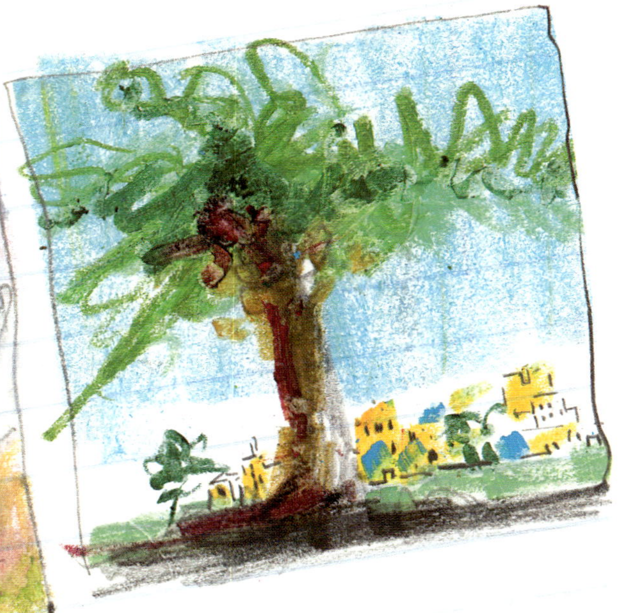

Auch die Stifte bleiben Ihren Vorlieben überlassen. Mit Bleistiften kann man ebensogut skizzieren wie mit Filzstiften oder Kugelschreibern. Farbstifte und Kreiden sind aufwendiger, eignen sich aber auch sehr gut. Kreiden sind empfindlicher, da sie leicht brechen und verschmieren. Nehmen Sie sich einen Skizzenblock mit in den nächsten Urlaub – Sie werden überrascht sein, wie schnell Sie an Sicherheit beim Umsetzen von Motiven gewinnen und wie sehr Sie sich zu Hause an diesen Erinnerungen freuen.

Jetzt noch die schnelle Skizze eines italienischen Dorfes mit feinen Filzstiften. Einige Häuserflächen habe ich mit hellbraunem Farbstift hervorgehoben.

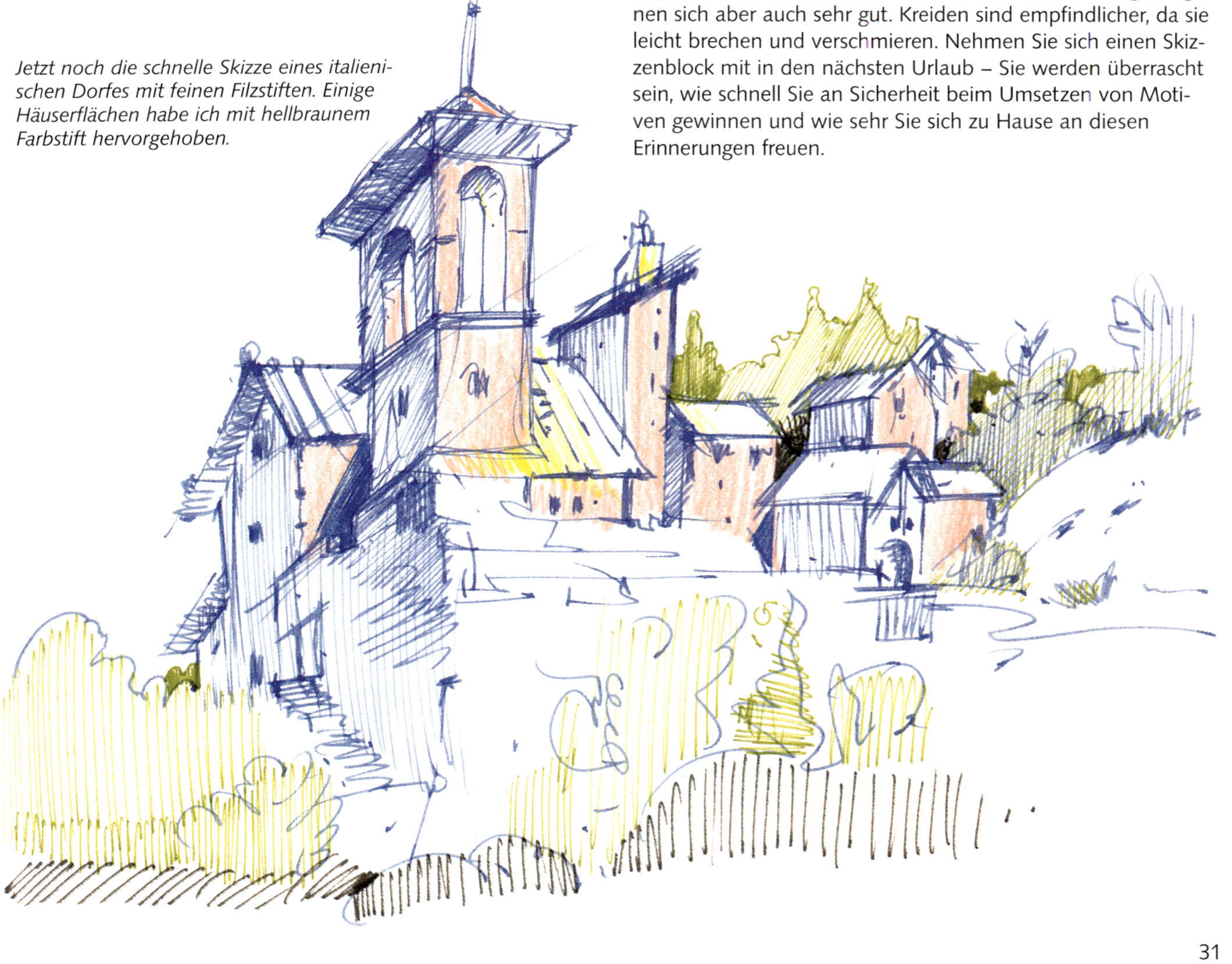

Regenlandschaften

von Laurie Sartin

Es reizt mich immer wieder, wilde, dramatische Wolkenstimmungen im Aquarell festzuhalten. Das kommt vielleicht daher, daß ich schon als Kind in England fasziniert die wilden Wolken beobachtet habe, die an der rauhen Ostküste oft über das Meer fegten. Die Aquarelltechnik eignet sich dafür besonders gut – entstehen doch manchmal ganz unfreiwillig Wolken in den nassen Farben. Läßt man einfach verschiedene Töne ineinanderlaufen, ergibt das zwar schnell wolkenartige Gebilde, aber das meiste bleibt doch dem Zufall überlassen. Es gibt verschiedene Möglichkeiten, „absichtliche" Wolken zu malen, und ich möchte Ihnen gerne einige zeigen, die mir besonders gefallen.
Im Laufe der Zeit werden Sie dann Ihre eigenen Vorlieben für Farbkombinationen und Techniken entwickeln, vielleicht auch Ihre ganz persönliche Art, Wolken zu malen, entdecken.

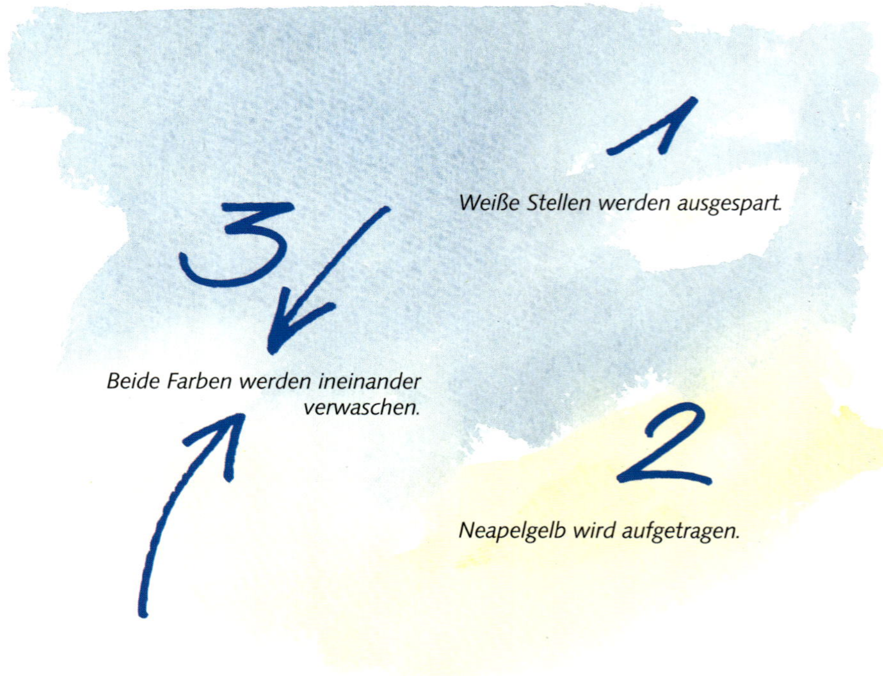

Sanfte Wolken

Natürlich hängt die Stimmung, die Wolken ausstrahlen, von der Farbe ab. Aber auch die Art des Verlaufs und die Abgrenzung zum übrigen Himmel spielen eine wichtige Rolle.

Ich habe hier Cölinblau mit einem Hauch Umbra gebrannt vermischt und beim Auftragen weiße Flächen ausgespart, aus denen später die Wolken entstehen sollen. In diese weißen Flächen bin ich nun mit Neapelgelb gegangen und habe es weich mit dem noch feuchten Blau verwaschen. Die Abgrenzung zu dem dunklen Teil des Himmels ist also nicht hart, sondern Wolken und Himmel verbinden sich durch das Ineinanderlaufen der feuchten Farben. Die Schwierigkeit hierbei liegt in der Nässe der Farbe, sie darf nicht zu naß, aber auch nicht zu trocken sein.

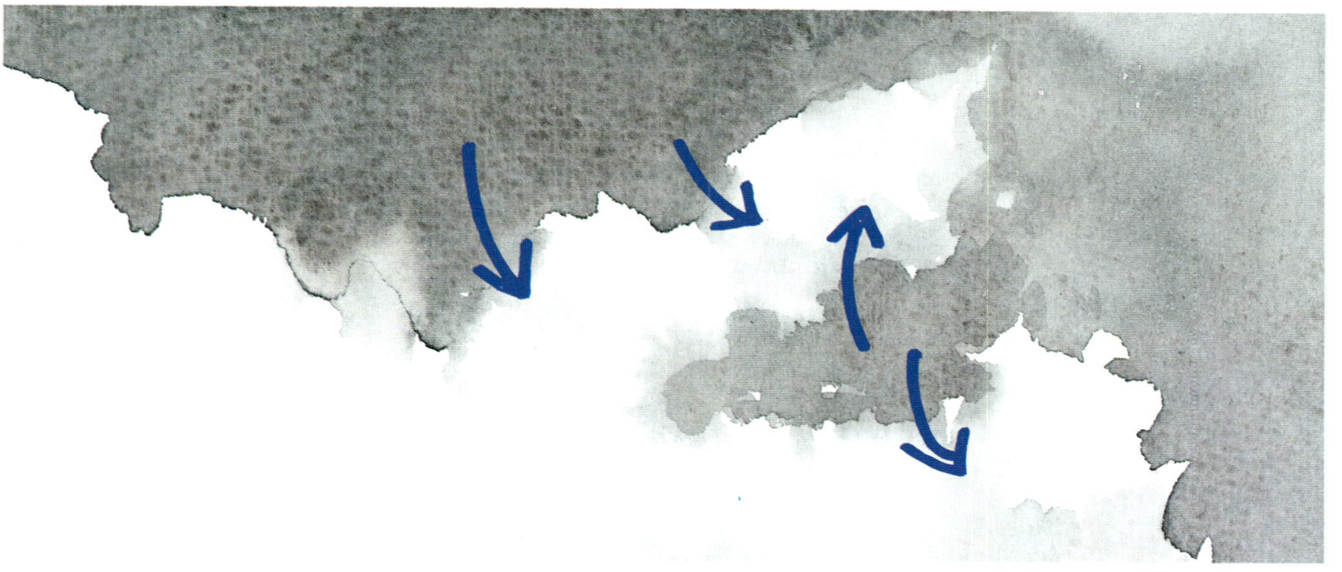

Abgegrenzte Wolken

Im Bild oben eine Technik, die viele Möglichkeiten zum Spielen mit Farbtönen zuläßt. Ich male die dunklen Töne zuerst und lasse die Wolken weiß stehen. Solange die Farbe noch feucht ist, nehme ich einen feinen Pinsel (Nr. 6), den ich in sauberes Wasser tauche und etwas abstreife (ist er zu naß, entstehen schnell ungewollte Flecken). Mit ihm vermale ich nun die schon aufgetragene Farbe in die weißen Flächen. Dabei lasse ich viel Weiß stehen, denn dadurch bekommen die Wolken ihr Licht.

Getupfte Wolken

Hier wird der Untergrund aufgetragen, und die Wolken werden aus der nassen Farbe mit einem Lappen oder einem Schwämmchen wieder herausgetupft. Das klingt sehr simpel, läßt aber viele Variationsmöglichkeiten zu. Mit einem Schwämmchen ergeben sich andere Strukturen als mit einem Papiertuch oder einem Lappen.
In dem Bild links habe ich mit einem Lappen getupft und dann die oberen Konturen wieder nachgemalt. Im Bild unten bin ich mit einem angefeuchteten Papiertaschentuch in die Farbe gegangen. Jetzt kann man natürlich daran weiterarbeiten und zum Beispiel manche Stellen lasierend übermalen oder noch andere Töne dazusetzen. Probieren Sie es doch einfach einmal aus!

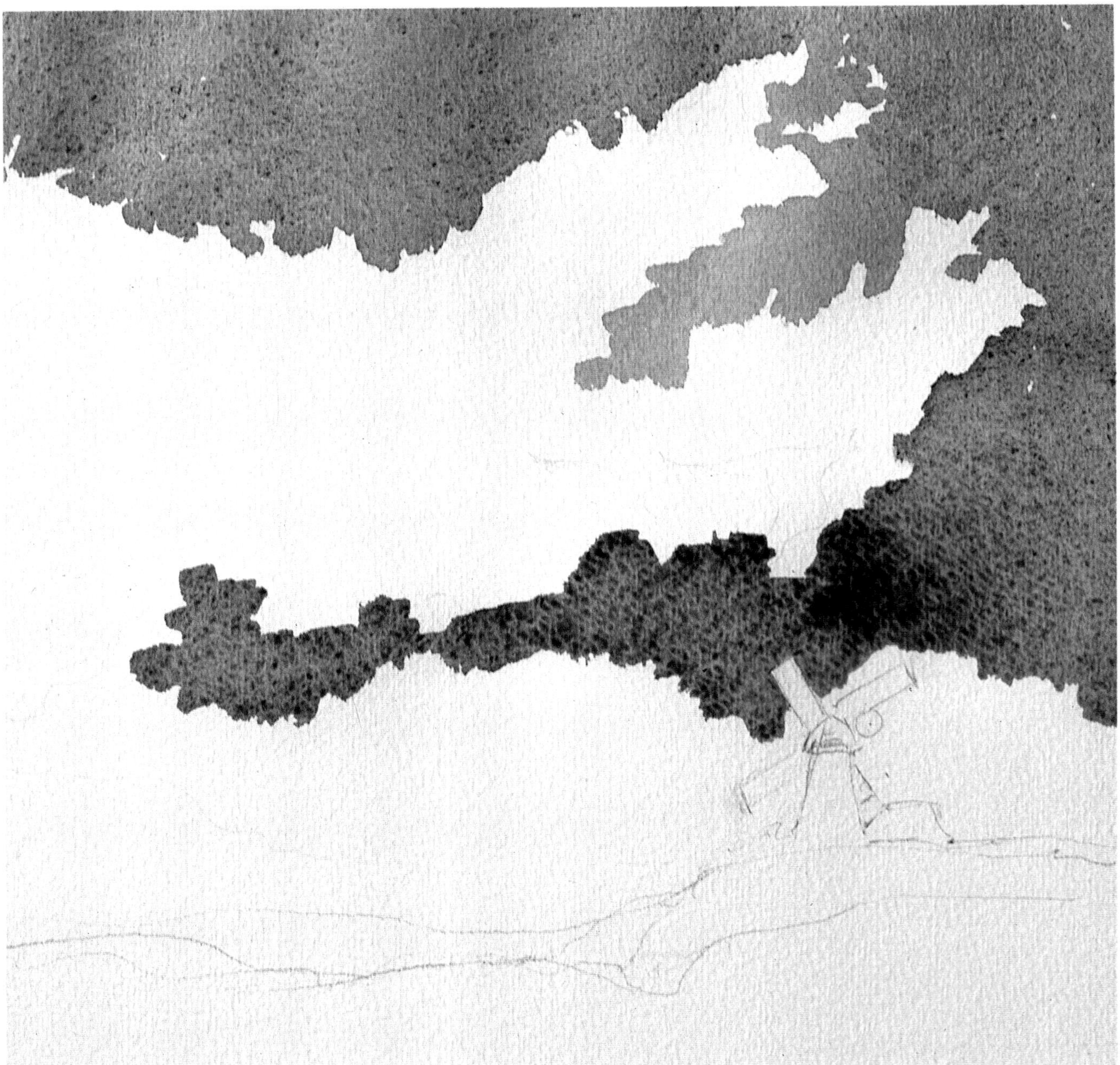

Bevor ich mit dem eigentlichen Bild anfange, mache ich mir ein paar Skizzen, um mir über die Komposition und die Helligkeitswerte klarzuwerden.

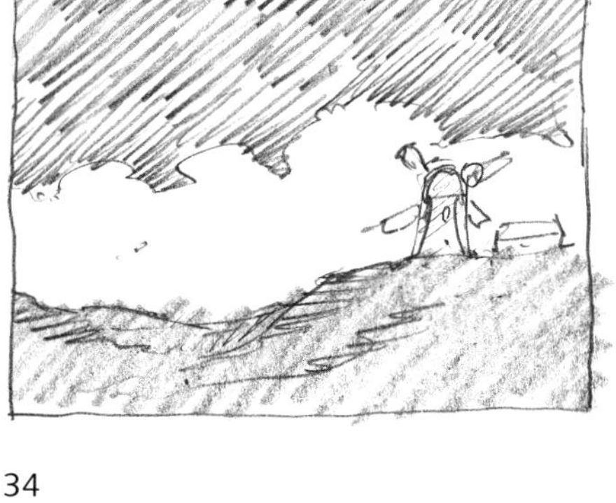

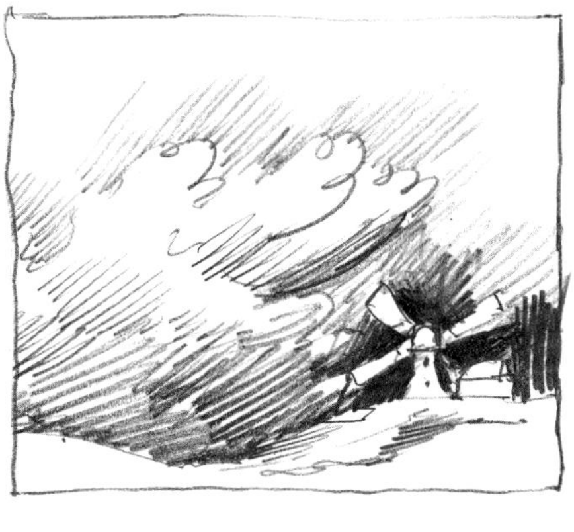

Dabei überlege ich mir auch, aus welcher Richtung der Wind blasen soll, da von ihm, besonders bei stürmischem Wetter, die Form der Wolken abhängt.

Die erste Skizze verwerfe ich wieder, die weißen Wolken sehen aus, als steckten sie in einem Sandwich.
Die Dunkelheit um die Mühle herum, in der zweiten Skizze, macht das Ganze dramatischer. Vielleicht werde ich noch einen Lichtstreifen dazwischensetzen.
Ich skizziere alles mit leichten Bleistiftstrichen vor. Da die Wolken mein wichtigstes Bildelement sind, beginne ich mit dem Himmel. Gebranntes Siena, Preußischblau und ein Hauch Violett sind meine Grundfarben, der dunklere Teil entsteht durch Zugabe von mehr Violett.

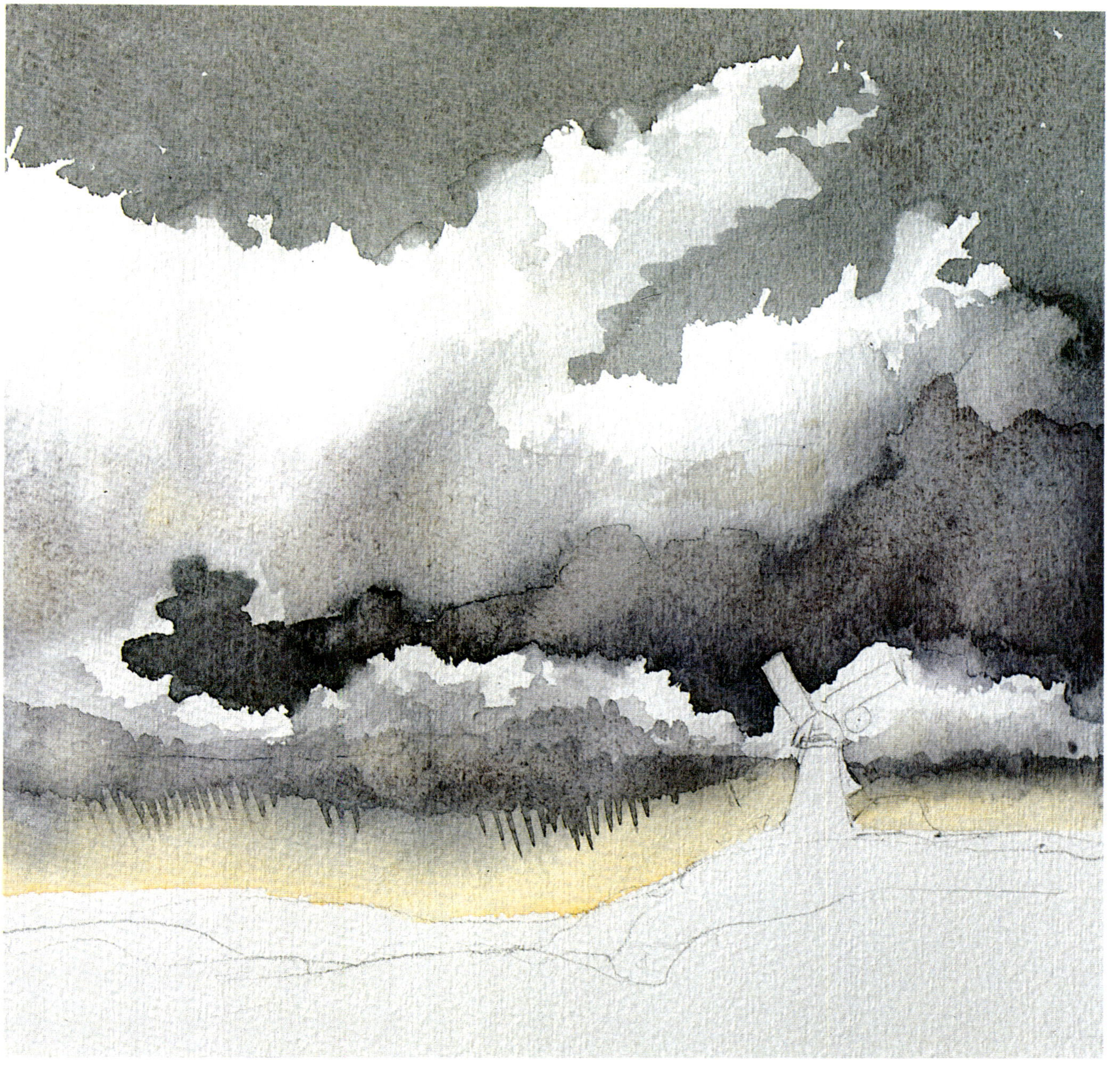

Oben und rechts ein paar Versuche für den regnerischen Lichtstreifen: Der Streifen gemischtes Grau verläuft mit dem Neapelgelb, beide wurden von oben nach unten naß aufgetragen.

Bevor der Himmel trocknet, werden die harten weißen Ränder etwas weicher gestaltet, wie ich es Ihnen auf Seite 33 schon gezeigt habe. Die aufgeriebene Farbe verwende ich für die Schatten in den Wolken. Die auf der Palette angemischten Farben verdünne ich stark mit Wasser und setze damit zusätzliche Akzente.
Wichtig: In diesem Stadium viel Weiß stehenlassen, denn die Helligkeit bekommt man nicht mehr zurück, wenn sie einmal übermalt ist.
Für den Lichtstreifen wähle ich Neapelgelb. Ich beginne damit von unten und arbeite in den Himmel hinein. Mit feinen Pinselstrichen ziehe ich dann den „Regen“ aus dem Himmel nach unten.

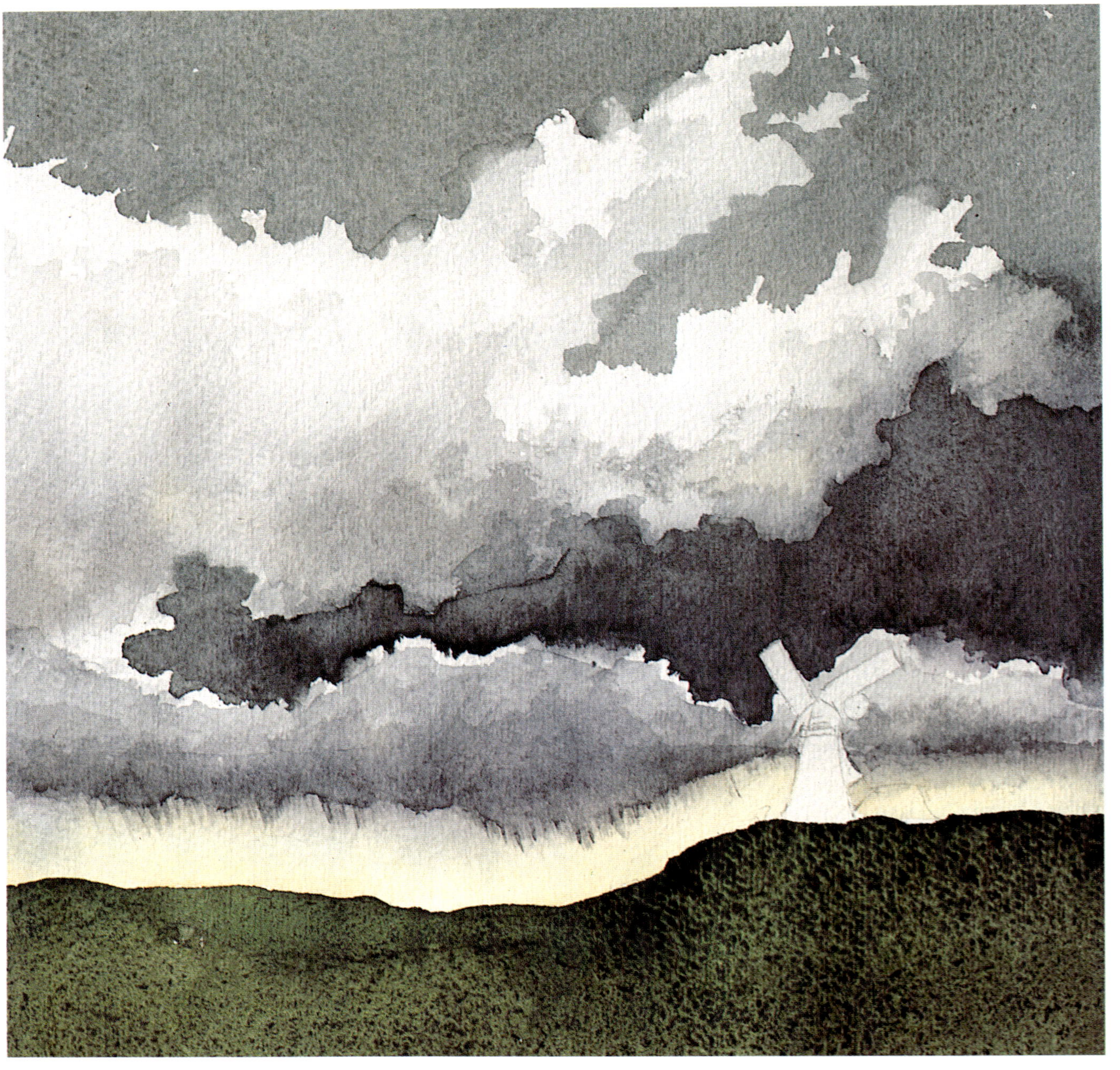

Nun wird es Zeit, daß ich mich mit dem Vordergrund beschäftige. Zu der regnerischen und windigen Stimmung paßt natürlich keine Sommerwiese. Ich möchte eher eine einsame, etwas öde Landschaft, der man die Nässe und Feuchtigkeit ansieht, darstellen.
Dazu mische ich Hookersgrün mit Siena gebrannt und lege die Hügel um die Windmühle herum an. Die Mühle selbst hebe ich mir für den Schluß auf, wenn alles getrocknet ist.
Durch das dunkle Grün im Vordergrund wird die Wirkung des Himmels abgeschwächt. Ich muß also wieder mehr Kontrast schaffen. Deshalb vertiefe ich den mittleren Teil des Himmels, indem ich mit etwas Violett und Siena weitere Akzente setze.

Die weiße Linie über den unteren Wolken lasse ich absichtlich stehen, da sie als Lichtreflex dient. Selbst in den düstersten Wolken finden sich immer wieder helle Reflexe, die die Formen betonen und das Wolkengebilde plastisch erscheinen lassen.

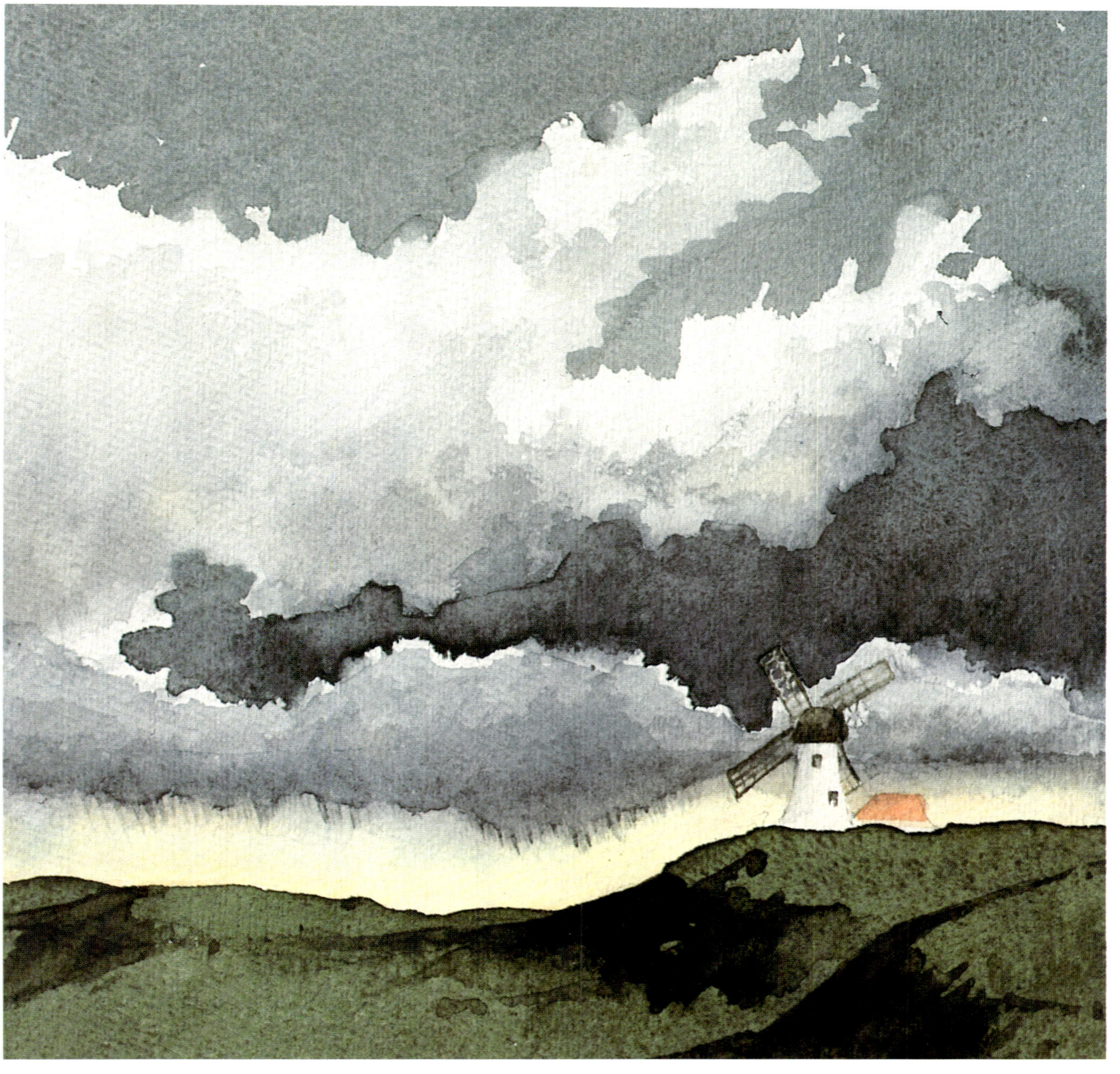

Bevor das Grün ganz getrocknet ist, male ich die Schatten der Hügel hinein. Dazu mische ich auf meiner Palette noch etwas mehr Siena gebrannt in das vorher schon gemischte Grün.
Zuletzt kommen dann auf das getrocknete Blatt noch Details und Verbesserungen, die klar auf dem Untergrund stehen sollen und nicht verlaufen dürfen. Das sind die Flügel der Windmühle, die beiden Dächer und die Fenster.
Um die Mühle plastischer zu gestalten, gebe ich ihr noch einen leichten Schatten aus den Blautönen des Himmels.

Zur Anregung die kleine Skizze rechts: All die gezeigten Techniken lassen sich selbstverständlich auch mischen. Ich habe hier die oberen Wolken ausgespart und vermalt.
Unten dagegen habe ich sie mit einem Papiertaschentuch aus der schon etwas angetrockneten Farbe herausgetupft.
Für den Regen habe ich den Pinsel flach gehalten und unregelmäßig die Farbe aus dem Himmel nach unten gezogen.
Üben Sie an kleinen Skizzen verschiedene Wolkenformationen und probieren Sie ruhig aus, was Ihnen passend erscheint. Damit gewinnen Sie Sicherheit im Umgang mit den Farben und der Technik.

Wasserspiegelungen

von Eberhard Lorenz

Landschaftsmalerei ist für mich immer wieder eine reizvolle Aufgabe, weil die Anregungen dafür aus der Natur kommen, das Gestalterische aber bei mir liegt. Ich betrachte es nicht nur als Berechtigung, sondern sogar als Notwendigkeit, die Natur auf meinem Bild neu zu sehen und so zu zeigen, wie ich sie empfinde. Im Urlaub male ich oft in freier Natur, male einfach da, wo ich gerade bin. Ich schöpfe aber auch zu Hause in meinem Atelier aus meinen Erinnerungen, ohne mir dazu ein Foto anschauen zu müssen. So, wie ich etwas in Erinnerung habe, genauso muß ich es ja wohl gesehen haben. Die Realität ist also unwichtig, solange ich meine eigenen Empfindungen zum Ausdruck bringen möchte.
Ich habe das große Glück, daß ich ein Atelier mieten konnte, das mitten in einem Schloßpark liegt, im linken Flügel des Schlosses selbst, ganz oben, unter dem Dach. Ich werde also schon beim Aus-dem-Fenster-Schauen inspiriert. Angefangen bei dem Wechsel der Jahreszeiten über die verschiedenen Wolkenstimmungen bis hin zu mehr oder weniger bunt gekleideten Spaziergängern, Reitern und Biergartenbesuchern habe ich sozusagen alles direkt vor der Haustür.
Die kleine Szene, die ich ausgesucht habe, stammt auch aus „meinem" Schloßpark. Die Brücke führt über einen reich umwachsenen Bach, der in einen kleinen See mündet. Ich gehe oft dort spazieren und kenne deshalb die Stelle in allen Stimmungen und mit immer wieder anderen Menschen. Ich habe mich hier für einen kühlen Herbsttag entschieden, an dem das in den See mündende Wasser spiegelglatt ist.
Und damit sind wir schon bei einem nicht ganz einfachen Thema, den Wasserspiegelungen.
Zuerst muß ich mich entscheiden, was dominieren soll: Soll die Spiegelung das Thema des Bildes werden oder soll sie nur die Szene schmückend unterstreichen?
Ich mache mir immer einige Bleistiftskizzen, absichtlich schwarzweiß, um mir die Helligkeitswerte zu verdeutlichen und mir klarzumachen, wo der Schwerpunkt liegen soll.

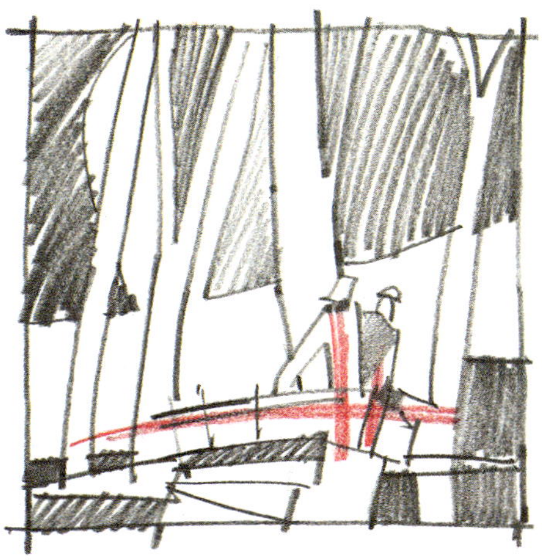

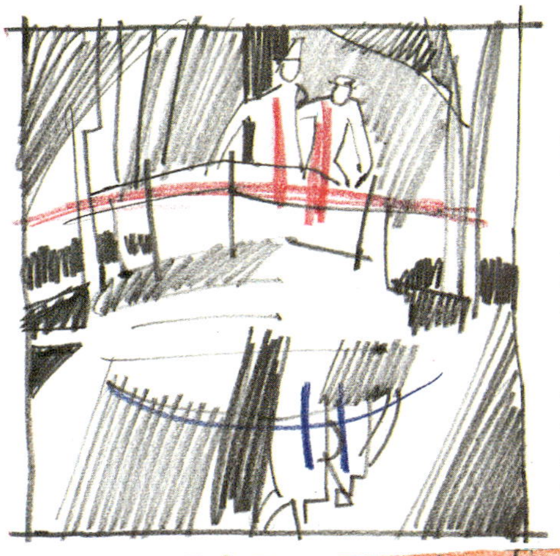

1. Skizze, ganz links.
Der Schwerpunkt liegt unten im Bild, die Spiegelung spielt keine wesentliche Rolle.

2. Skizze, links.
Die Spiegelung dominiert, das Paar hat einen gleichwertigen Gegenpol.

3. Skizze, unten.
Die Szene auf der Brücke steht im Mittelpunkt, die Spiegelung dient der Unterstreichung des Ganzen.

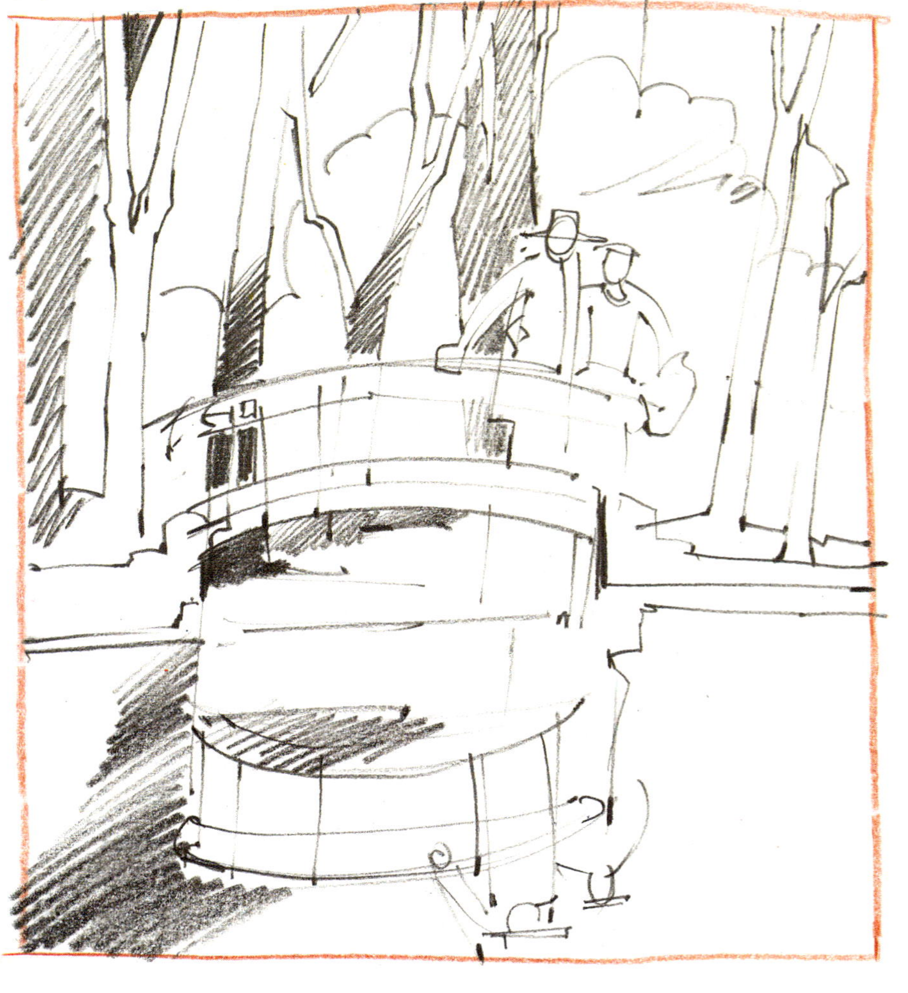

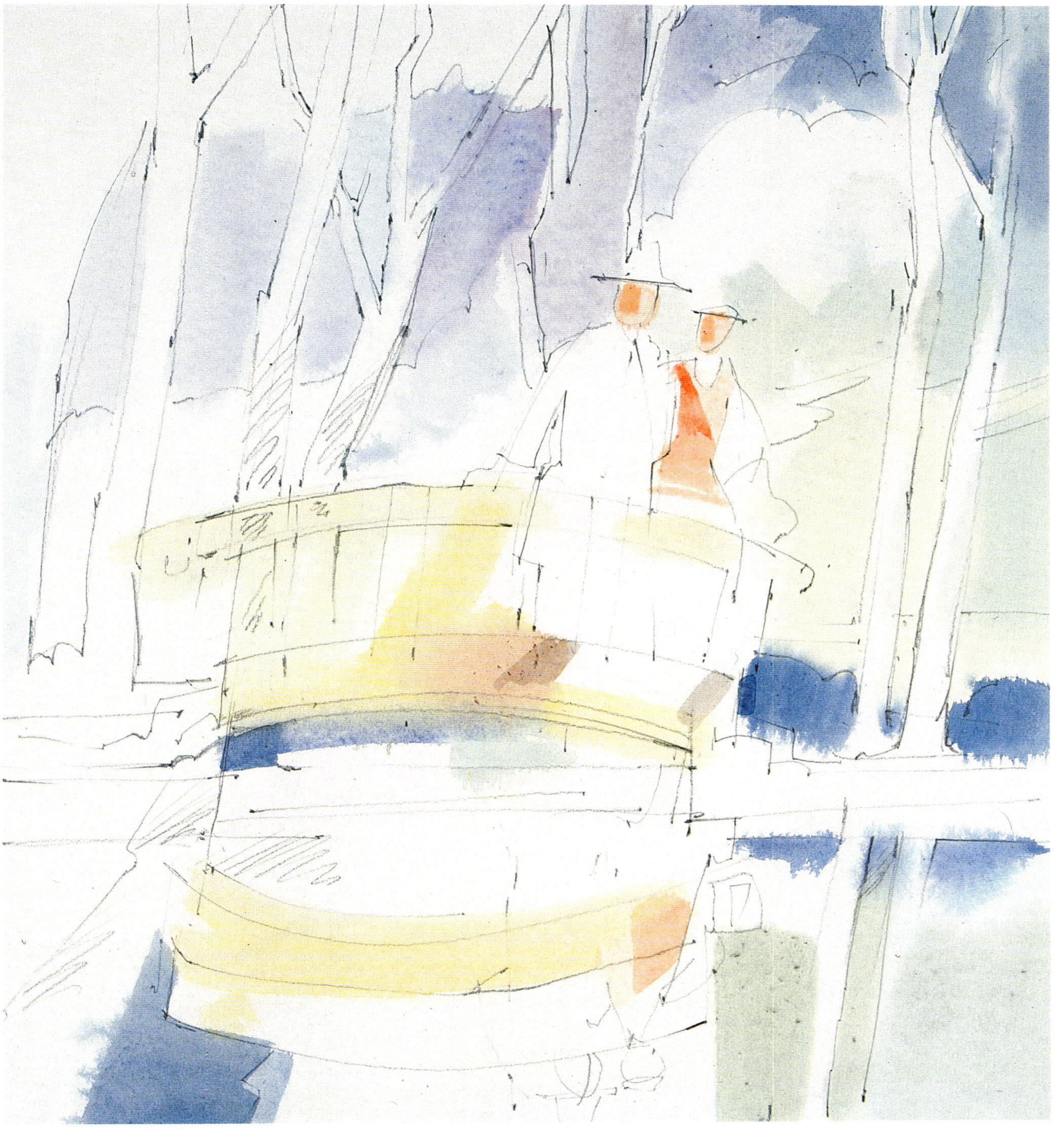

Ich entscheide mich für die dritte Skizze. Die zwischen den Bäumen entstehenden Flächen sind für mich ebenso wichtige Bildelemente wie das Motiv selbst, sie werden auch farblich vollkommen in das Bildgeschehen einbezogen.
Mit wenigen Bleistiftstrichen übertrage ich meine Skizze auf das Blatt. Dabei stört es mich nicht, wenn man die Striche auch später noch sieht, das gibt dem Bild mehr Spontaneität. Mit wenigen Farben (Preußischblau, Ocker, Kadmiumrot) lege ich die ersten Flächen an. Ich arbeite auf leicht angefeuchtetem Papier, um möglichst weiche Farbübergänge zu bekommen. Wenn das Papier zu naß ist, verlaufen die Farben – zumindest für dieses Stadium – zu willkürlich.
Die sich spiegelnden Elemente werden genauso behandelt wie die „echten", sie sind ja auch tatsächlich so zu sehen.
Mit dem Paar will ich mich eigentlich erst im Endstadium beschäftigen, trotzdem lege ich das Rot schon jetzt leicht an, um diesen Akzent beim Weitermalen einbeziehen zu können.

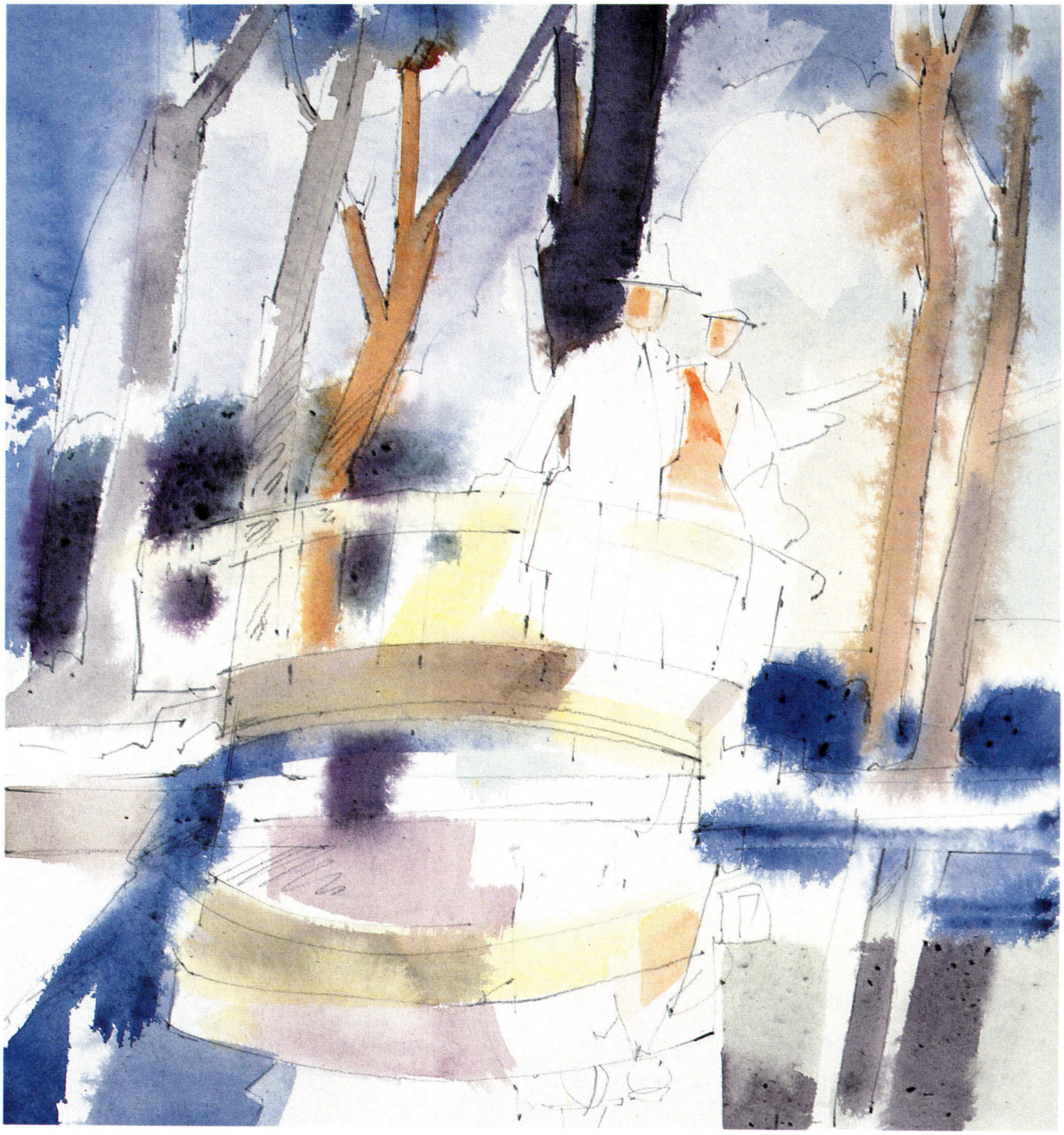

Langsam werden die einzelnen Bildelemente verstärkt. Die Baumstämme werden deutlicher, durch das dunkle Preußischblau im Hintergrund entsteht mehr Tiefe.
Spiegelungen sind abhängig von der Bewegung des Wassers. Bei leichten Wellen bekommt das Spiegelbild sozusagen Querstreifen, bei gekräuseltem Wasser eher Punkte und Flecken. Ist das Wasser aber bewegungslos, gleicht das Spiegelbild seinem Original.
In einem solchen Fall wird die Linie wichtig, die das Wasser von dem Objekt trennt. Das können ein Ufer oder Pflanzen sein, aber auch einfach nur Linien, die die Unterbrechung andeuten.

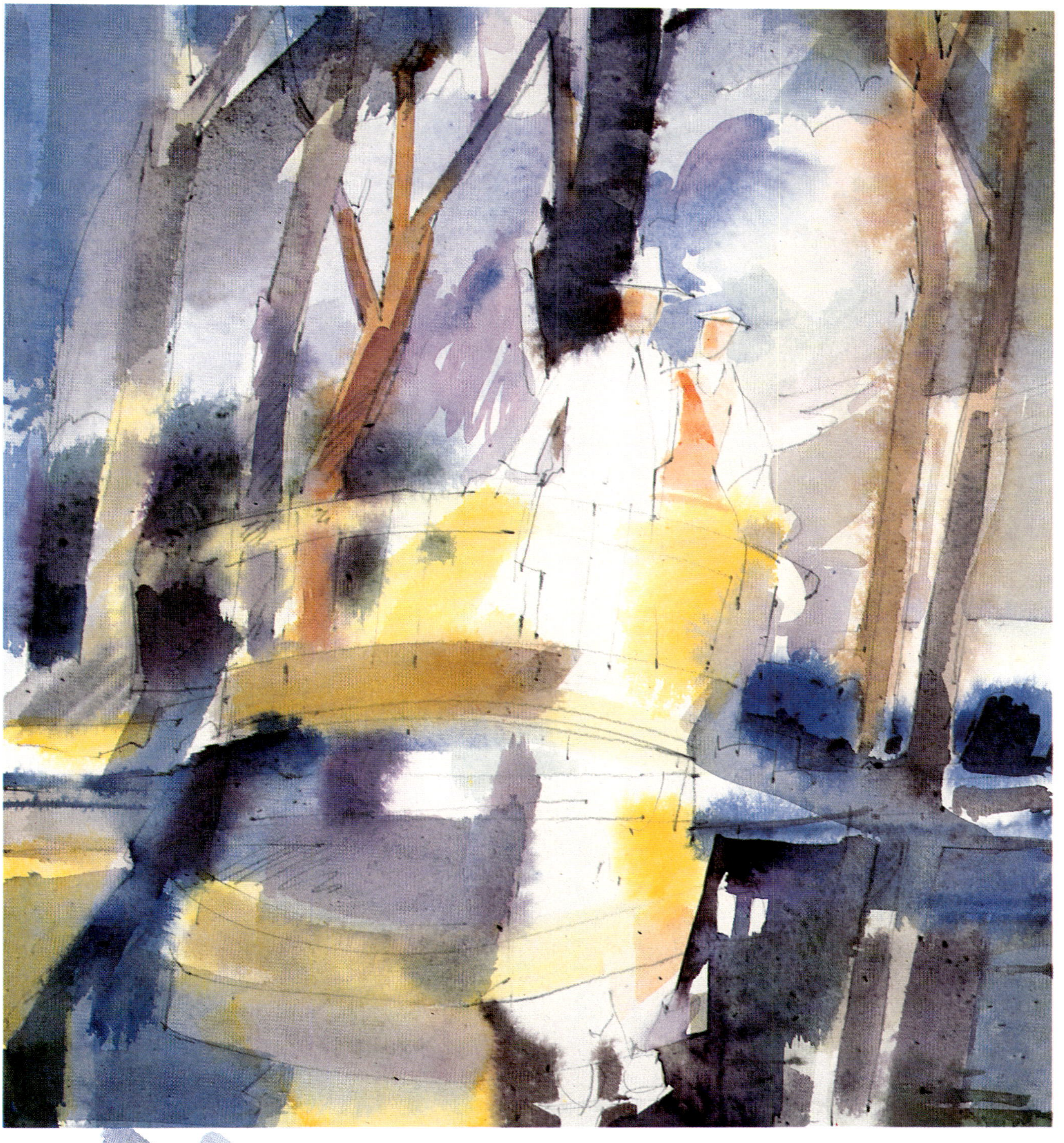

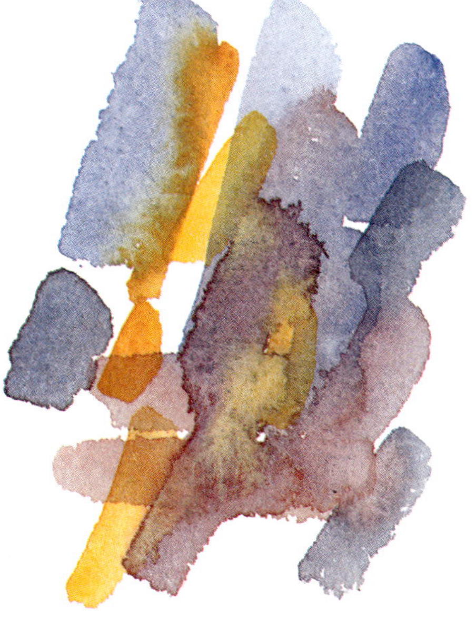

Der Unterschied zwischen dem realen Teil des Bildes und der glatten Spiegelung besteht in der Art der Fläche, die die einzelnen Teile verbindet. Durch das Wasser werden die Farben mehr zusammengezogen und bilden eine stärkere Einheit. Die lasierende Technik, bei der manches verläuft und Farben neben- oder aufeinander stehenbleiben, eignet sich besonders gut für dieses Thema. Zur Verdeutlichung dazu ein kleines Beispiel links.
Versuchen Sie immer, die gesamte Komposition im Auge zu behalten und sich nicht in kleinen Details zu verlieren. Ich setze die Farbakzente im Hintergrund und in der Spiegelung immer gleichzeitig, so male ich zum Beispiel das Gelb der Brücke sofort auch in die Reflexe des Wassers hinein.

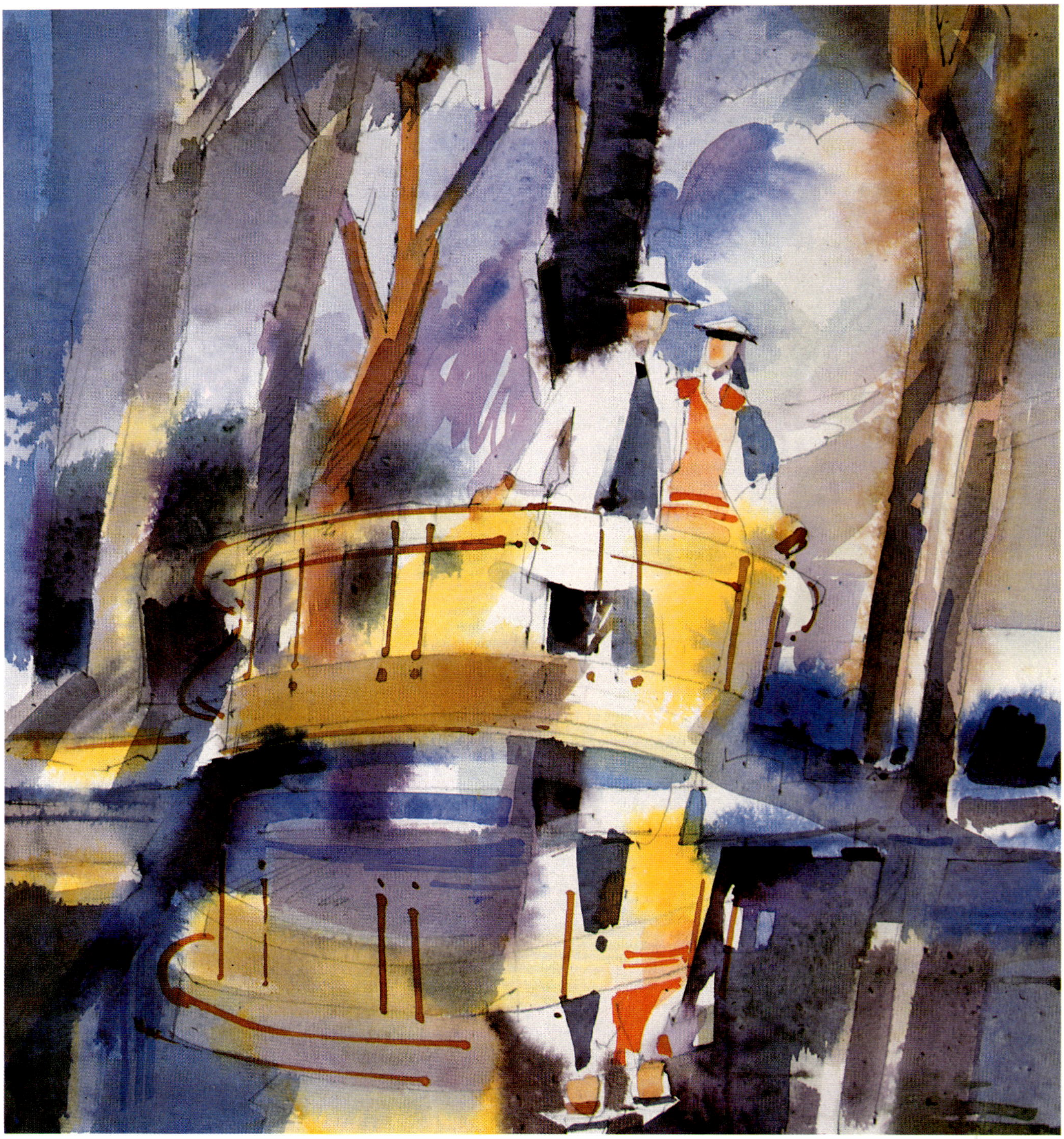

Zuletzt kommen auf das getrocknete Blatt noch kleinere Details und eventuell auch Ausbesserungen oder Verstärkungen.
Mit einem feinen Pinsel habe ich die Kleidung des Paares vervollständigt und auch das Geländer präzisiert. Die Spiegelung verstärke ich mit ein paar Querstrichen in Ultramarinblau (unter der Brücke) und mit kurzen, fast abgebrochenen Linien für das Geländer.
Im Wasser wird aus den beiden Menschen eine abstrakte Komposition geometrischer Formen genauso wie aus den Bäumen des Hintergrundes. Sie sehen, daß unsere Grundformen von Seite 20 auch hier wieder zum Tragen kommen.

Noch ein paar Anregungen für Wasserspiegelungen. Es ist immer wieder hilfreich, kleine Farbversuche zu machen und für sich selbst Dinge auszuprobieren. Schauen wir uns ein paar Variationen zu diesem Thema an.

Bei diesen beiden Übungen wird die Farbe auf trockenen Grund aufgetragen. Für die Spiegelung male ich mit sauberem Wasser Querstriche darüber, die Farbe verläuft an den „aufgeweichten" Stellen. Je nach Motiv kann man dann noch mit feinem Pinsel zarte Linien über die getrocknete Farbe ziehen wie oben links.

Hier wurde das Motiv einfach im Wasser wiederholt und dann abgewaschen. Das habe ich mit einem nassen Pinsel gemacht und manche Stellen gleich wieder trockengetupft.

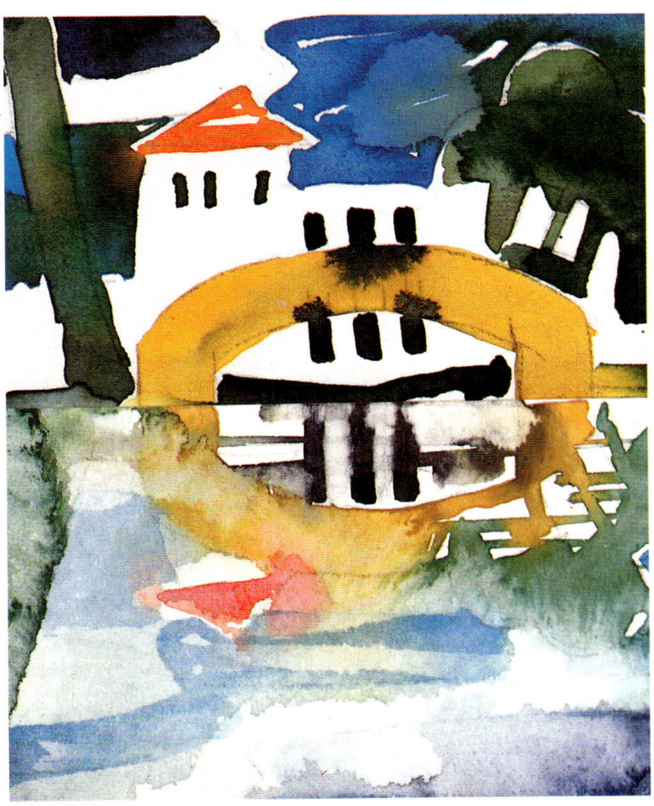

Auch durch „Abklatschen" kann eine Spiegelung entstehen: Den realen Teil malen, das Papier knicken (gestrichelte Linie) und auf die andere Seite drücken. Wer mag, kann das Ganze dann noch weiterbearbeiten.

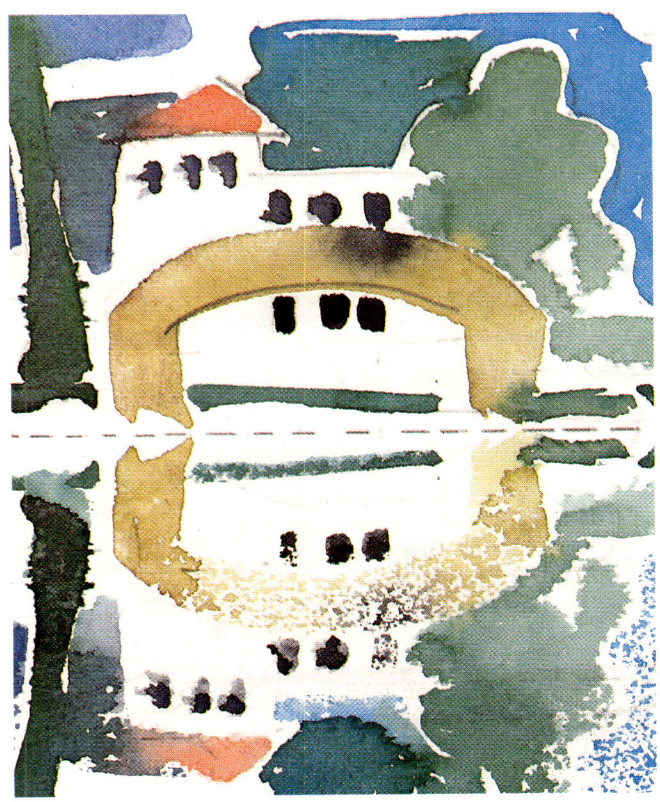

Im Schnee

mit Beate Weber-von Witzleben

Winterlandschaften scheinen auf den ersten Blick eine farblose Angelegenheit zu sein, es ist doch alles bloß weiß. Stimmt das? Wie schon auf Seite 14 im Zusammenhang mit kalten und warmen Farben erwähnt, reflektiert der Schnee die Farben der Umgebung, des Himmels und des Lichts. Er kann unendlich viele Farbnuancen annehmen, von zartem Blau über Violett bis zu Rosa- und sogar Gelbtönen.
Im Sonnenlicht können spektralfarbige Lichtreflexe glitzern und extreme Hell-Dunkel-Kontraste auftreten. Hier ein paar Beispiele:
Rechts: Zuerst habe ich den Himmel naß mit Violett und Ocker angelegt. Die Bäume ließ ich mit konzentrierter Farbe (Ultramarin, Umbra) hineinlaufen, für die feinen Strukturen verwendete ich einen alten, trockenen Pinsel und zusätzlich einen Hauch Kadmiumrot.

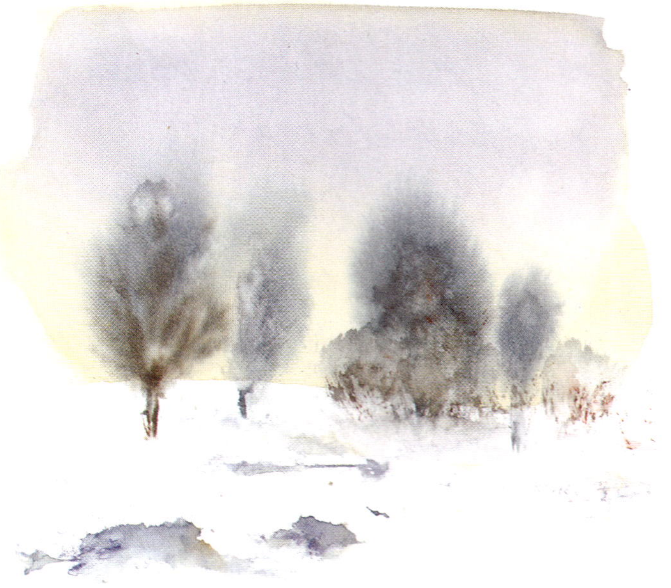

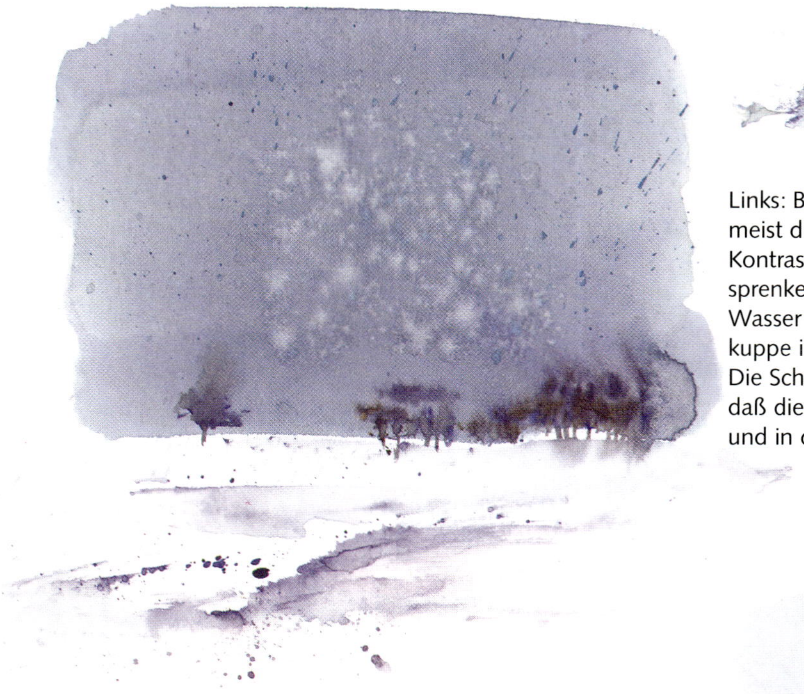

Links: Bei Schneefall bildet die frische Schneedecke gegen den meist düster verhangenen Himmel oft einen dramatischen Kontrast. Schneefall läßt sich auf den noch feuchten Himmel sprenkeln und spritzen. Ich habe vorsichtig mit der Pinselspitze Wasser auf die Finger getropft und es dann mit der Fingerkuppe in den Himmel getupft.
Die Schneefelder selbst werden meist ausgespart. Wichtig ist, daß diese unbemalten weißen Flächen in das Bild einbezogen und in den Farbzusammenhang integriert werden.

Rechts: Die intensive Farbe „blüht aus" auf nassem Untergrund. Diese „Blüten" setzte ich hier als Bäume ein, die entfernt im Dunst liegen und deshalb keine klaren Konturen haben müssen.
Die Schneedecke im Vordergrund erscheint eisig. Die Beschaffenheit des Schnees spielt natürlich auch eine Rolle, denn weicher Pulverschnee hat andere Lichtreflexe als vereister Harsch. Die eisig wirkende Fläche entstand hier durch Aufmalen verhältnismäßig trockener Farbe mit einem alten, ausgefransten Pinsel. Danach habe ich die Farbe mit den Fingern verstrichen.

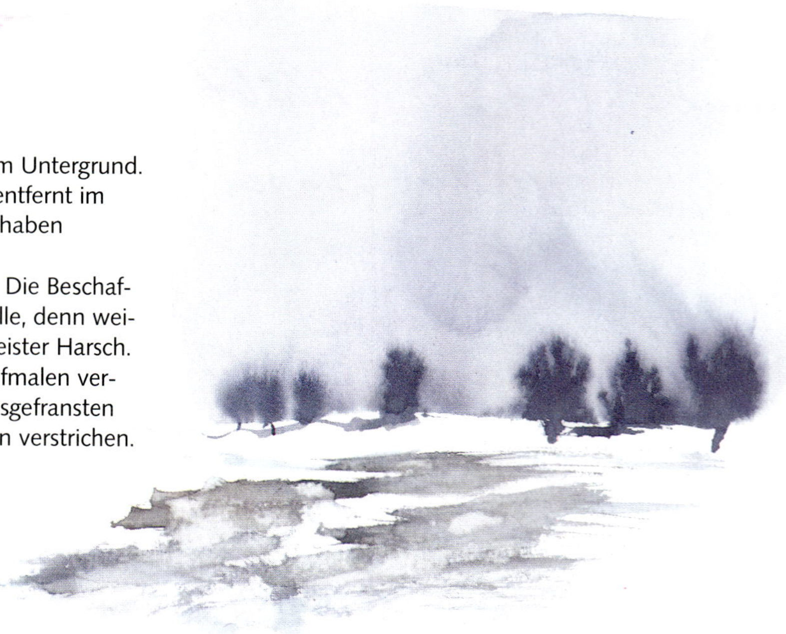

Ein lebendiges Spiel mit Wasser und Farben ist dieses Schneegebirge. Die Gebirgslinie habe ich mit Cölinblau und Kadmiumrot gezogen, den Rest gespritzt und gesprenkelt, mit Wasser verwaschen und dann das Papier gekippt. Es macht Spaß, die entstehenden Zufälligkeiten aufzunehmen und in die Komposition einzubeziehen.

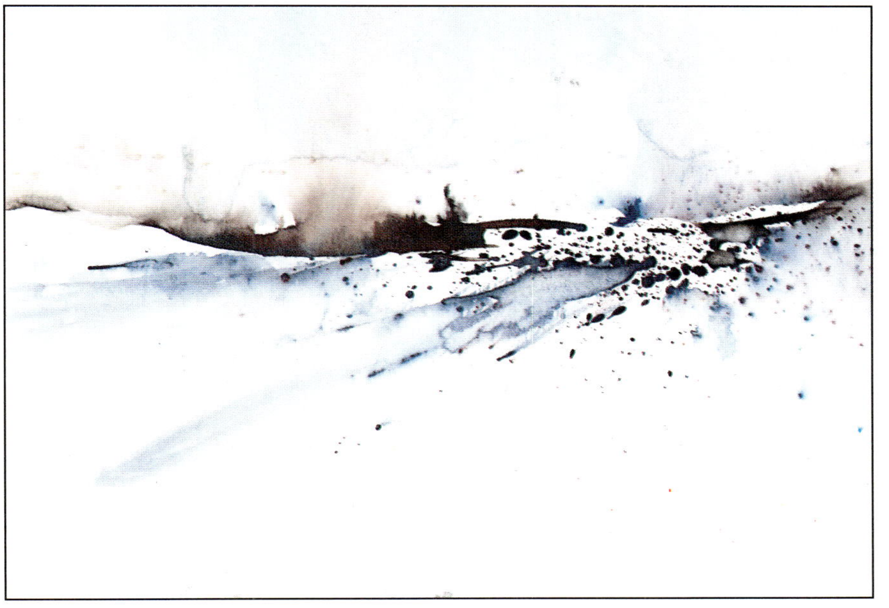

Hier habe ich zuerst den Himmel sehr zart und ziemlich naß angelegt. Dann ließ ich die Mischung aus Cölinblau und Kadmiumrot in den Himmel verlaufen, habe aber unten die klare Kante beibehalten, die wie ein Waldrand wirkt. Es passiert manchmal, daß sich die auf der Palette gemischten Farben beim Zerfließen wieder trennen, was einen interessanten Effekt ergibt. Hier bekommt der Wald einen geheimnisvoll blau auslaufenden Rand.
Die Schneefläche im Vordergrund habe ich mit den Fingern verwischt.

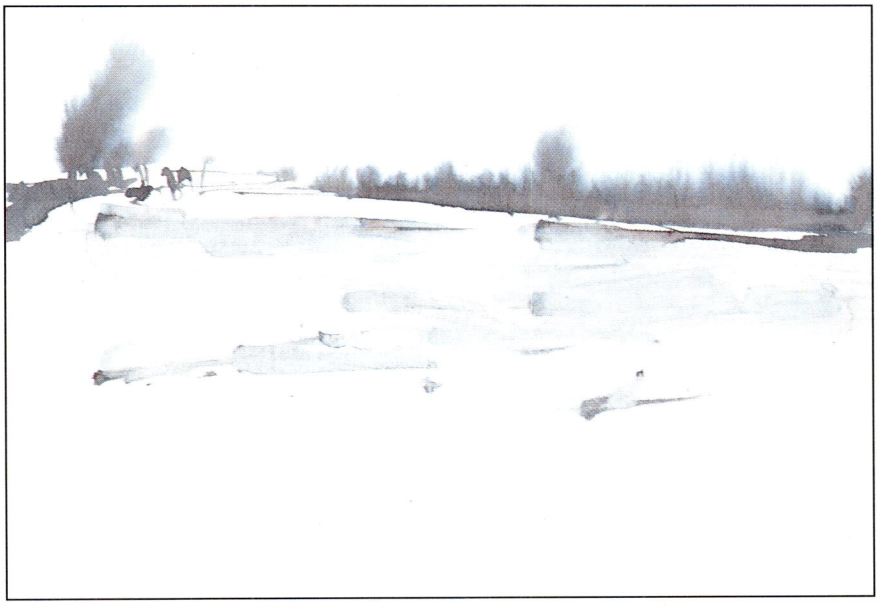

Für verschneite Bäume geeignet: Fleckränder als Konturgrenzen.
Der Himmel war noch sehr naß, als ich die Bäume, ebenfalls naß, hineinsetzte. Die Farbe trocknet zuerst am Rand, der durch das Aufeinanderstoßen der Farben etwas dunkler ist. Nach einiger Zeit trocknete ich die Innenflächen vorsichtig mit einem Papiertaschentuch. Die so entstandenen hellen Flächen wirken, als seien die Bäume eingeschneit.

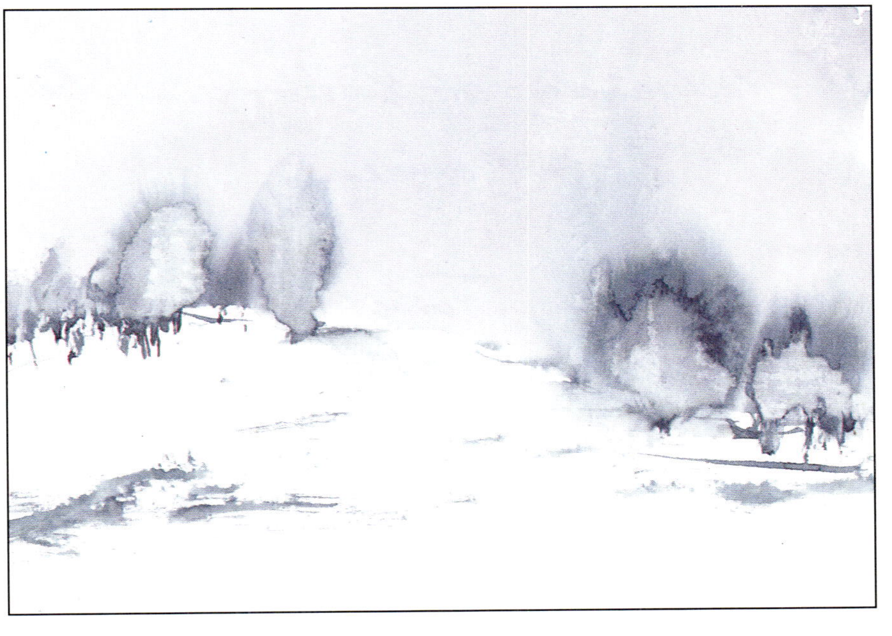

Wir wollen uns nun anschauen, wie eine Winterlandschaft Schritt für Schritt entsteht. Ich habe mit einem Marderhaarpinsel Nr. 12 gearbeitet und mich auf drei Farben beschränkt: Karminrot, Ocker und Ultramarin. Rechts sehen Sie, wie viele Winterfarbtöne sich daraus mischen lassen.
Ich verwende handgeschöpftes Büttenpapier in Einzelblättern, das im Schreibwarenhandel als Briefpapier erhältlich ist.

Zuerst skizziere ich mit feinen Linien meine Komposition auf das trockene Blatt. Da mir das Aufspannen zu umständlich ist, wässere ich das Papier in der Badewanne, lege es dann auf ein Resopalbrett oder einen weißen Karton und streiche es mit einem Schwämmchen glatt. Nun muß allerdings zügig gearbeitet werden, denn sobald das Blatt trocknet, wellt es sich. Aus diesem Grund habe ich für Sie das

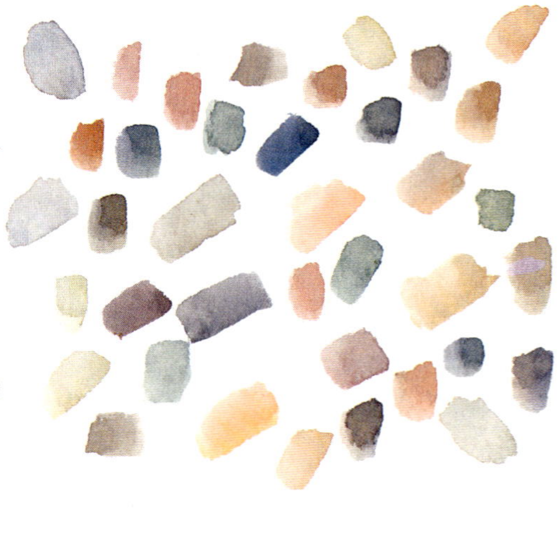

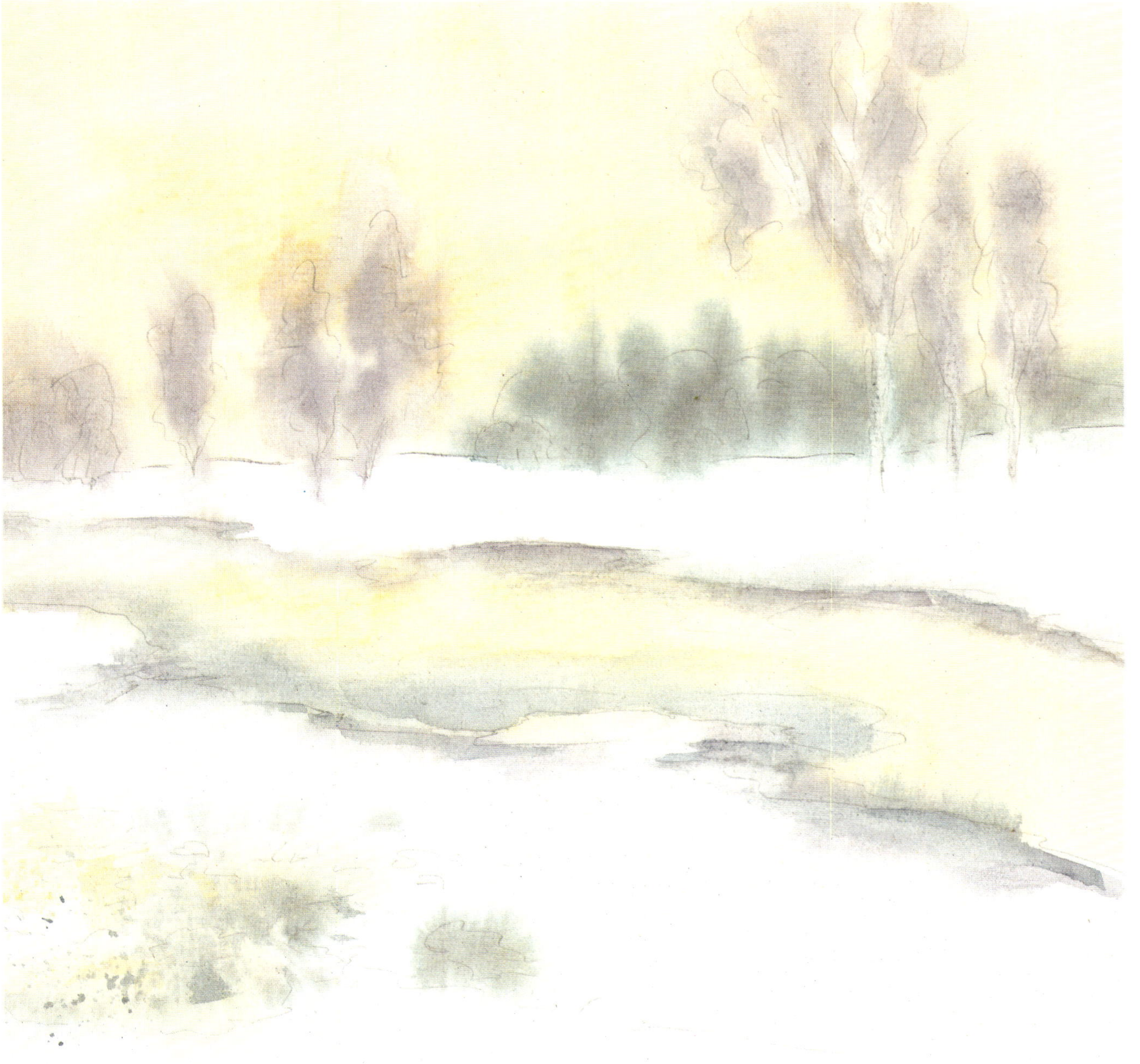

Motiv viermal gemalt, statt die einzelnen Schritte zu fotografieren. In der Fotopause wäre das Bild zu schnell getrocknet.
Nach dem Aufstreichen des Papiers tupfe ich die Stellen, die für den Schnee weiß bleiben sollen, vorsichtig mit einem Papiertaschentuch trocken. Nun wird die Farbe aufgetragen (Seite 46): zuerst Ocker für das warme Licht, dann etwas Ultramarin für Büsche und Ufer, einige Tupfer im Vordergrund für Steine und Erde. Bei gewässertem Papier verschwimmen die Farben stark und fließen trotz des Abtrocknens in die Schneeflächen. Um deutlichere Grenzen zwischen Schneeflächen, Horizont und Ufer zu erhalten, habe ich die Farbe nochmals mit einem trockenen Pinsel weggenommen.

Oben: Da sehr zügig gemalt wird, ist das Papier noch naß, und die aufgetragene Farbe verläuft stark.
Für die Bäume wird eine Mischung aus Ultramarin und Karmin in Flecken auf das Papier gesetzt. Die Stämme und Zweige wische ich mit trockener Pinselspitze aus.

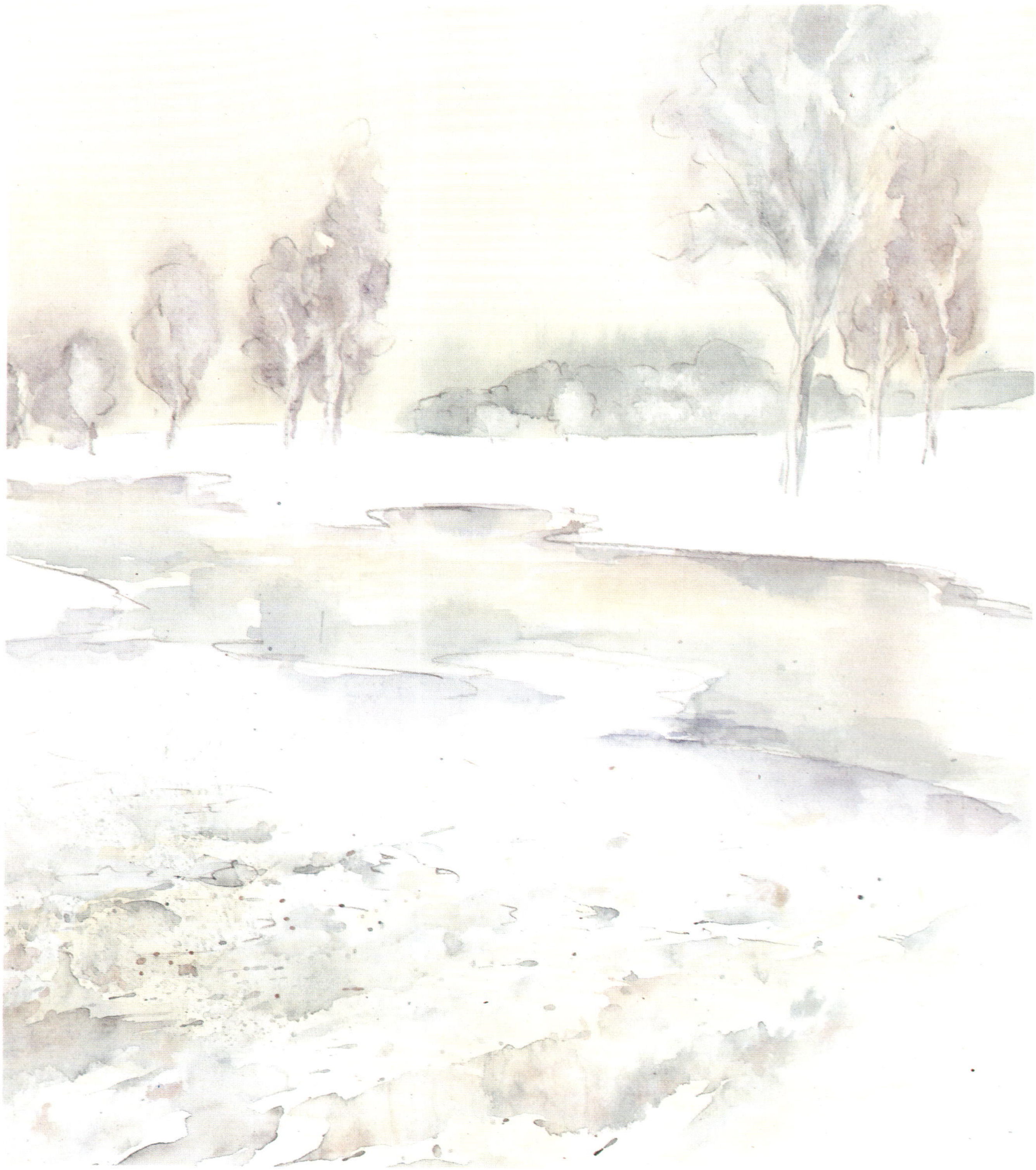

Noch verwende ich reine Farben, denn sie werden durch das Vermischen auf dem Papier von alleine trübe. Mit einer begrenzten Farbauswahl lassen sich unschöne Mischungen vermeiden.
Das Papier ist jetzt bereits etwas getrocknet, deshalb erscheinen die Farbflächen präziser, die Ränder werden schärfer. Für die Wasserspiegelung lasse ich einige Farbränder hart stehen, andere verwasche ich sorgfältig, wie z. B. die rötliche Tönung (reines Karmin) der Spiegelung des rechten Baumes.
Die Vordergrundpartien werden mit Farbspritzern strukturiert, die stellenweise ins Nasse verwaschen werden. Dadurch entsteht der Eindruck von Schneeresten zwischen Stein und Kies.

Ein Tip: Sie können das Fließverhalten der Farben steuern, ohne viel herumzupinseln und dadurch eventuell die Lebendigkeit des Naß-in-Naß zu zerstören. Kippen Sie das Papier, oder blasen Sie die Farbe in die gewünschte Verlaufrichtung. Achten Sie auch darauf, daß keine Pfützen entstehen, und tupfen Sie die überschüssige Farbe mit einem trockenen Pinsel weg.

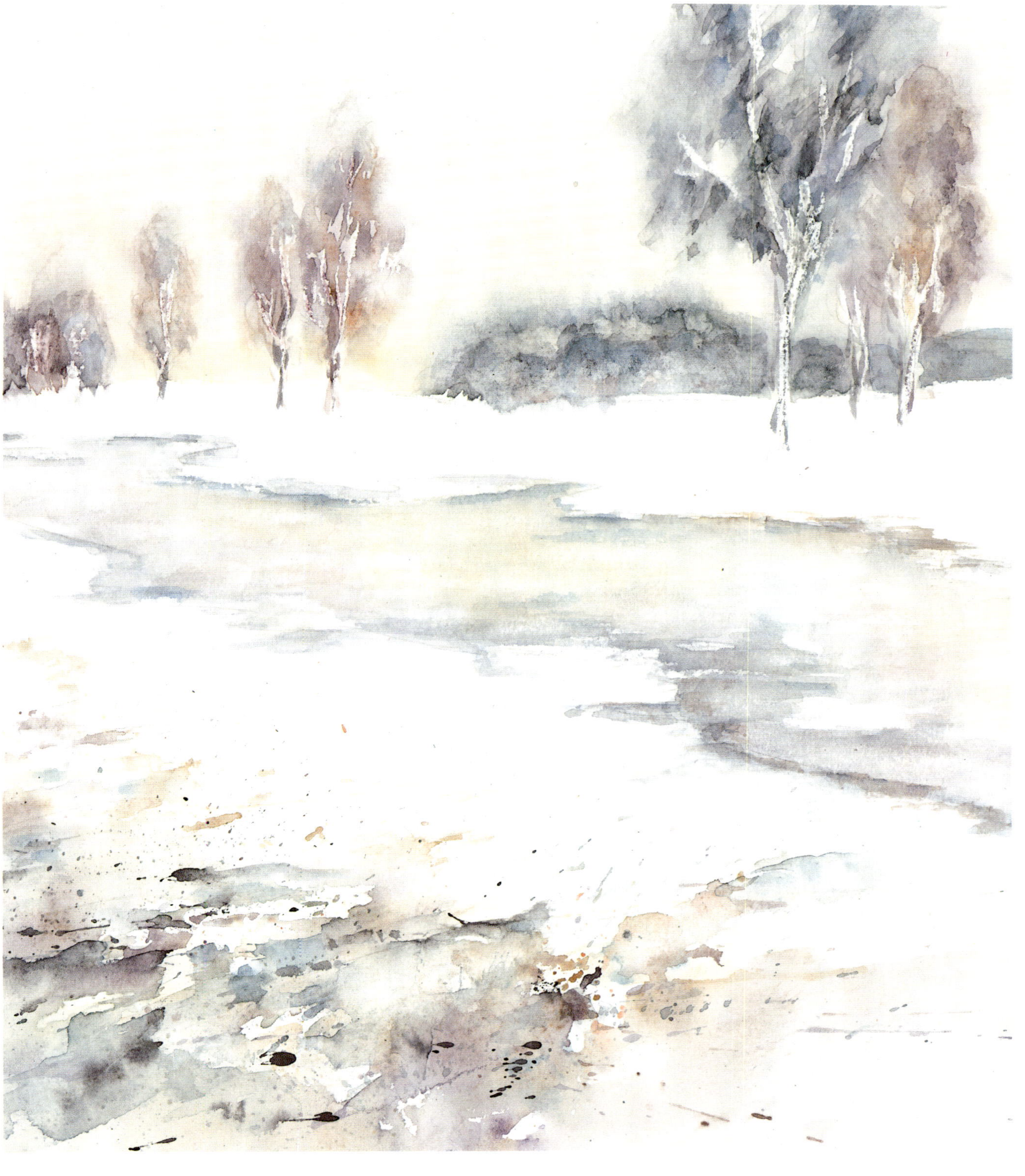

Das Papier ist jetzt noch weiter getrocknet, die Farbe bleibt also auf manchen Stellen bereits stehen, an anderen verläuft sie noch etwas. Um schnell und großzügig weiterarbeiten zu können, habe ich die vorher ausgewischten Äste und Stämme mit dem Wachs einer angespitzten weißen Kerze reserviert. Dadurch entstehen beim Vermalen feine Verästelungen. Man könnte auch vor dem Wässern des Papiers solche Wachsreservierungen vornehmen, doch nicht immer passen sie dann zu den eventuell entstehenden Zufallsergebnissen. Und oft wirken sie hinterher im Gesamteindruck viel zu hart.

Wenn das Papier weitgehend getrocknet ist, sollte auch das Bild beendet sein. Ich lege es dann zwischen zwei Papiere und lasse es, unter einem Stapel Bücher glattgepreßt, in Ruhe zu Ende trocknen.

Im Süden

mit Karlheinz Groß

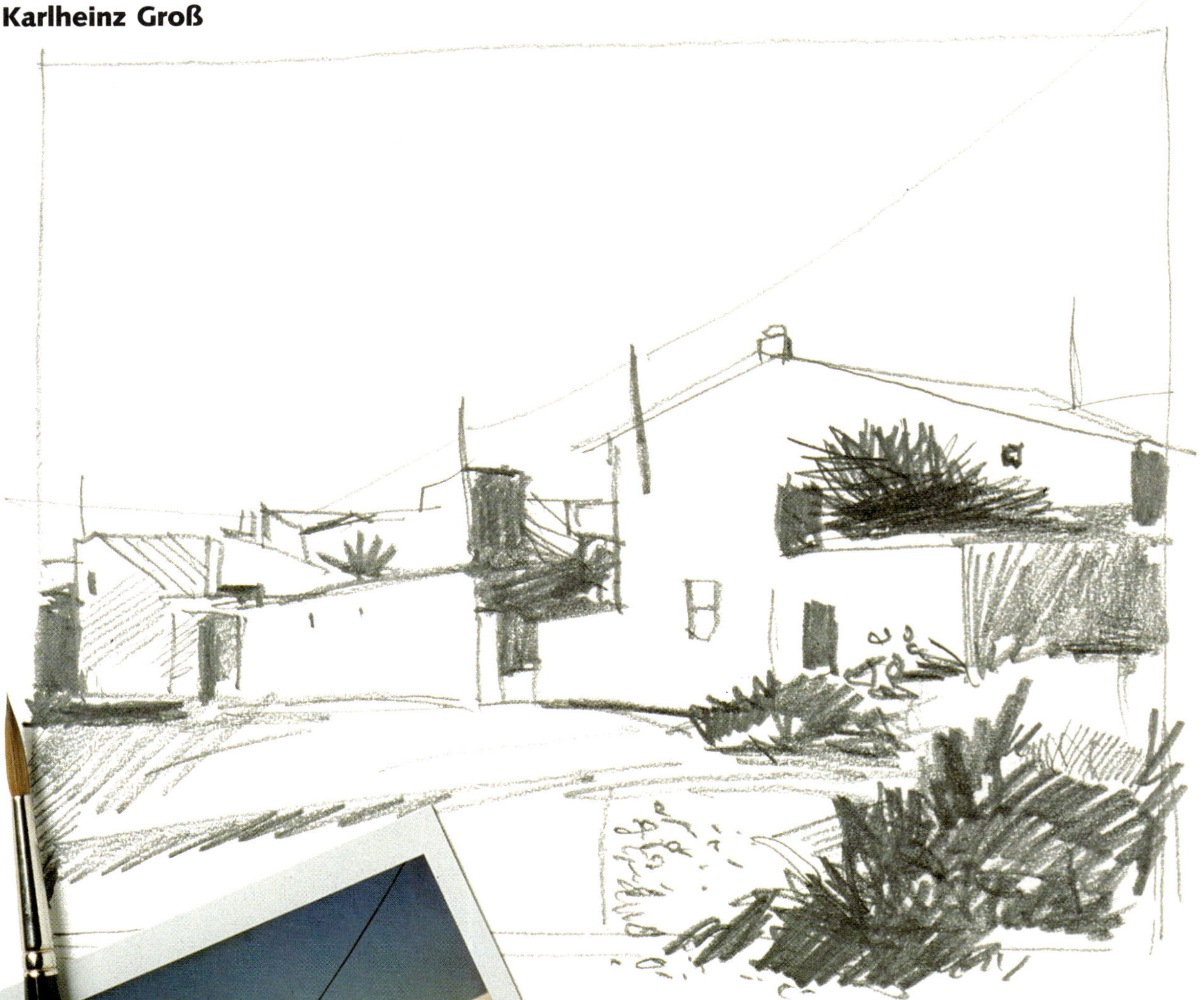

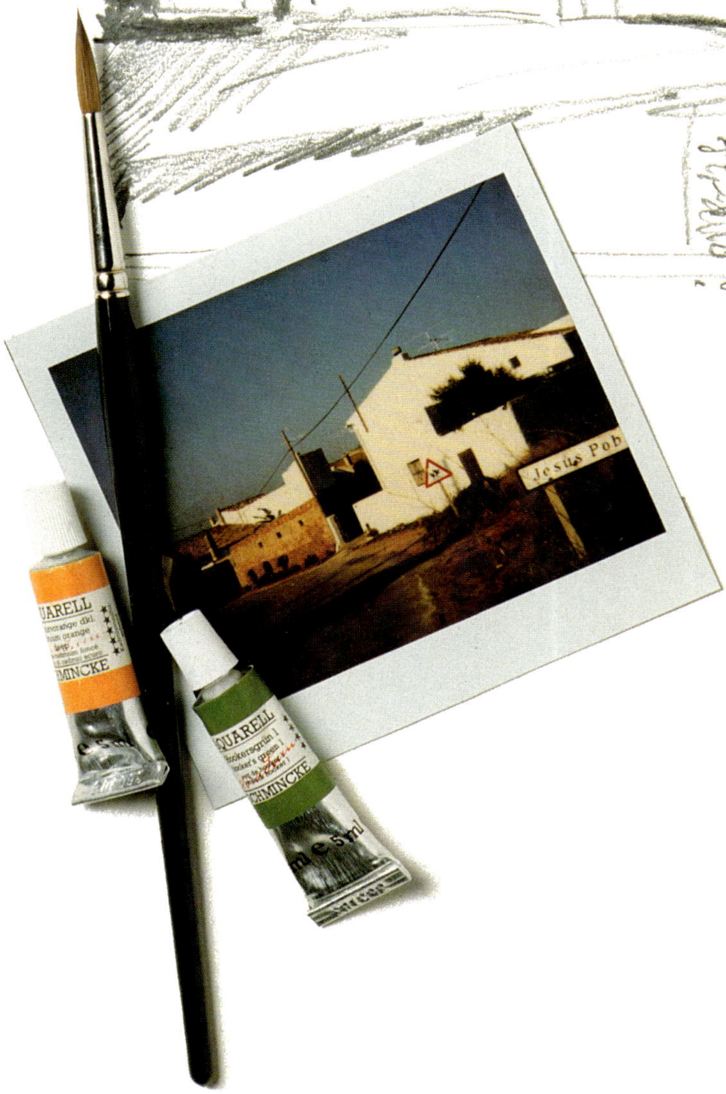

Meine sommerlichen Malreisen führen mich oft in den mediterranen Raum. Hier finde ich Licht, Farben und Motive in Hülle und Fülle.
In diesem Fall war es ein kleines spanisches Dörfchen in der Region Alicante. Im Frühsommer sind die Farben der Flora leuchtender, der Himmel ist von klarem Hellbau, und die kubischen Häuser wirken noch eine Spur weißer. Manche Maler arbeiten gern an Ort und Stelle, ich aber bevorzuge es, erst auf Entdeckungsreise zu gehen und dann zu Hause in Ruhe alles auszuarbeiten.
Bei meiner morgendlichen Motivsuche sind immer Skizzenblock und Polaroidkamera dabei, um das Objekt für die spätere Realisierung spontan festhalten zu können. Ich suche mir nie mehr als drei Motive aus, die ich am gleichen Tag oder spätestens am nächsten Morgen zu

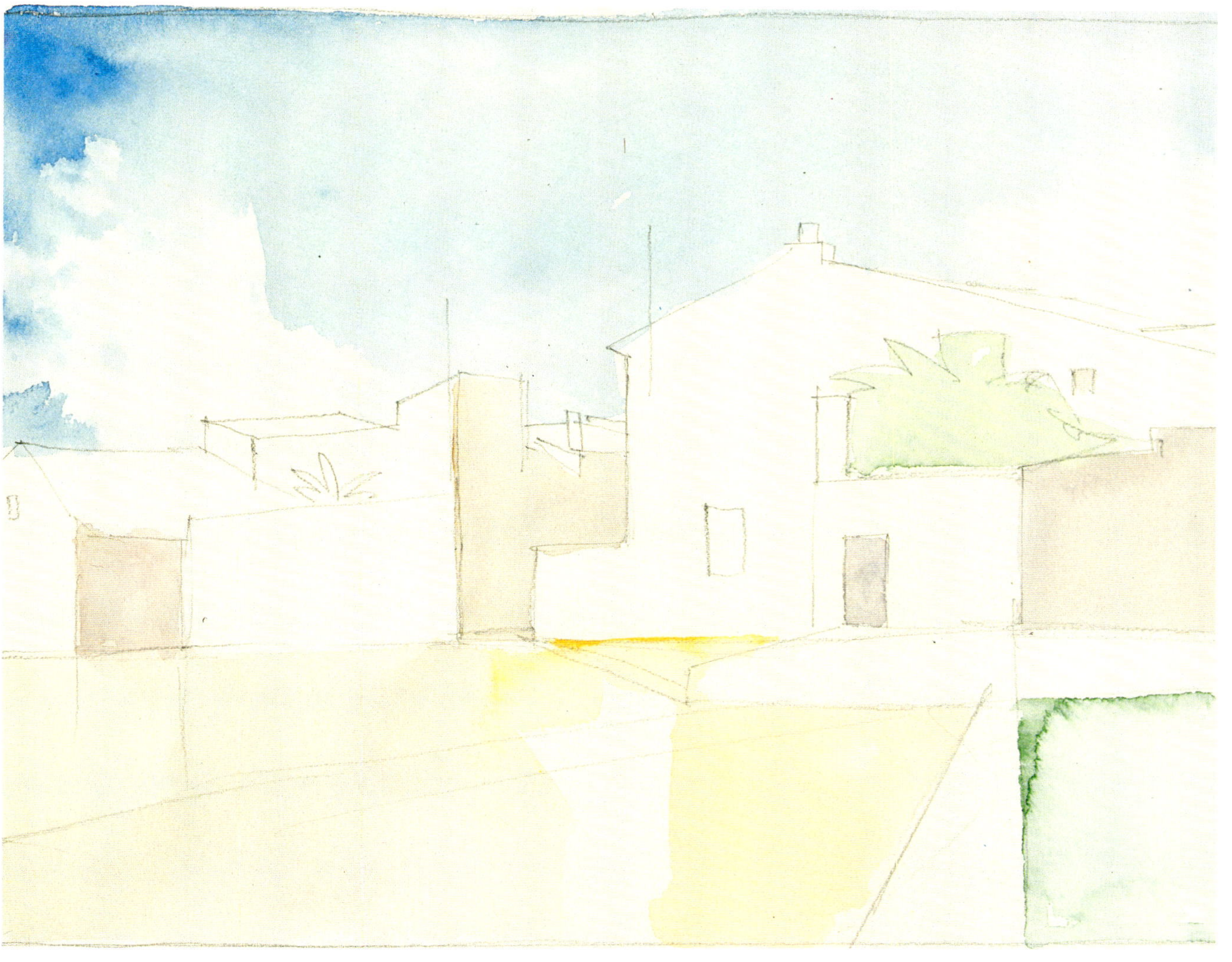

Papier bringen möchte. So sind die Eindrücke noch frisch, und die Begeisterung für das Gesehene ist noch vorhanden. Natürlich kann es passieren, daß mir das eine oder andere Motiv beim Malen nicht mehr zusagt. Da ich aber mehrere festgehalten habe, besteht die Möglichkeit zu variieren, zum Beispiel eine Pflanzengruppe von einem Foto in ein anderes Motiv zu übertragen.
Wie Sie auf dem Foto sehen, stand in diesem Fall vorn ein Orts- und Verkehrsschild. Dies störte mich ebenso wie der struppige Vordergrund. Außerdem sollte der graue Asphalt heller werden. Eine Buschgruppe mit Agave (Motiv aus einem anderen Foto) paßte doch viel besser vor die schneeweißen Häuser. Ich deutete das bei meiner Skizze mit weichem 6B-Bleistift durch Schraffur an. Die dicke Stromleitung skizzierte ich zwar noch auf, ließ sie aber dann beim Malen doch lieber weg.
Bereits beim Übertragen des Motivs, also noch vor dem ersten Grundieren, überlege ich, welche Flächen ich weiß lassen werde. Hier ist es ganz klar: Die sonnenbestrahlten Häuserfronten müssen weiß bleiben, und auch die Straße soll hell sein.
Ich beginne mit stark verdünnter Farbe, also sehr hell, damit ich später darauf aufbauen kann. Da Übermalen im Aquarell problematisch ist, sollte man möglichst nicht gleich mit dunklen Tönen beginnen.

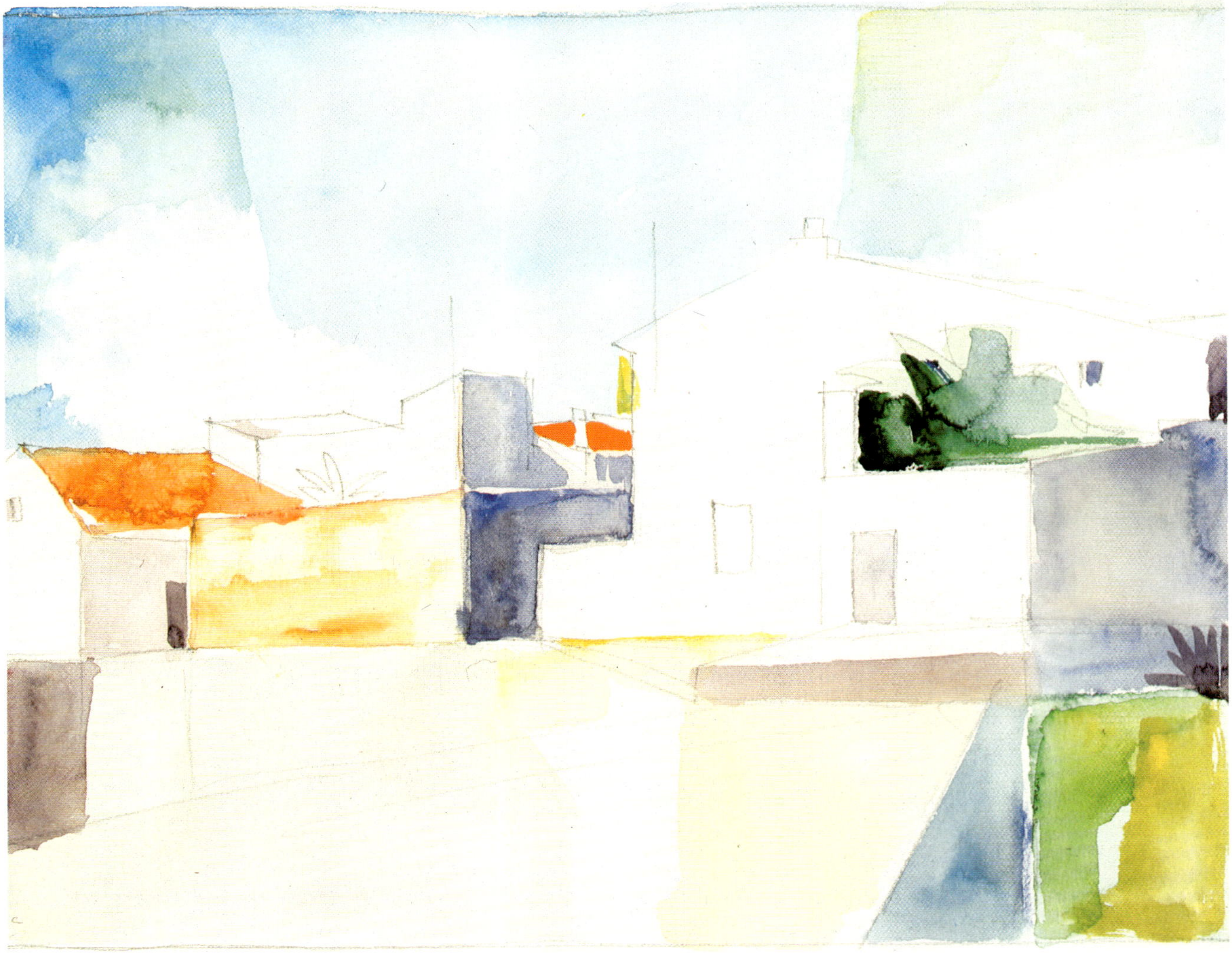

Für das strahlende Blau des Himmels nehme ich stark verdünntes Cölinblau. Die Schatten werden mit Ultramarinblau angelegt, nicht mit Grau, das unter Umständen das strahlende Licht dämpfen könnte. Durch das Blau bleibt die Lebendigkeit dieses Lichts erhalten. Das Gelb der Häuser wiederholt sich leicht im Himmel, das Blau des Himmels in den Häusern, dadurch wird das Ganze geschlossener und malerischer. Versuchen Sie immer das ganze Bild im Auge zu behalten, und kümmern Sie sich um Details erst zuletzt. Es kann sonst sehr leicht passieren, daß man sich verzettelt. Treten Sie also ruhig manchmal etwas zurück und betrachten Sie die Gesamtwirkung Ihres Bildes, bevor Sie wieder weitermalen.
Ich lege mir immer ein Stück Papier zurecht, das dem Malgrund entspricht, um Mischungen und Farbwirkungen auszuprobieren, bevor ich sie auf mein Bild bringe. Sie sehen rechts ein Beispiel davon.

Ein Versuch nebenbei: das Violett dick aufgetragen, verdünnt und lasierend. Dieses Ausprobieren kann verhindern, daß auf dem Bild evtl. ungewollte Effekte entstehen, kann aber gleichzeitig dazu anregen, etwas zu versuchen, woran man vorher nicht gedacht hat.

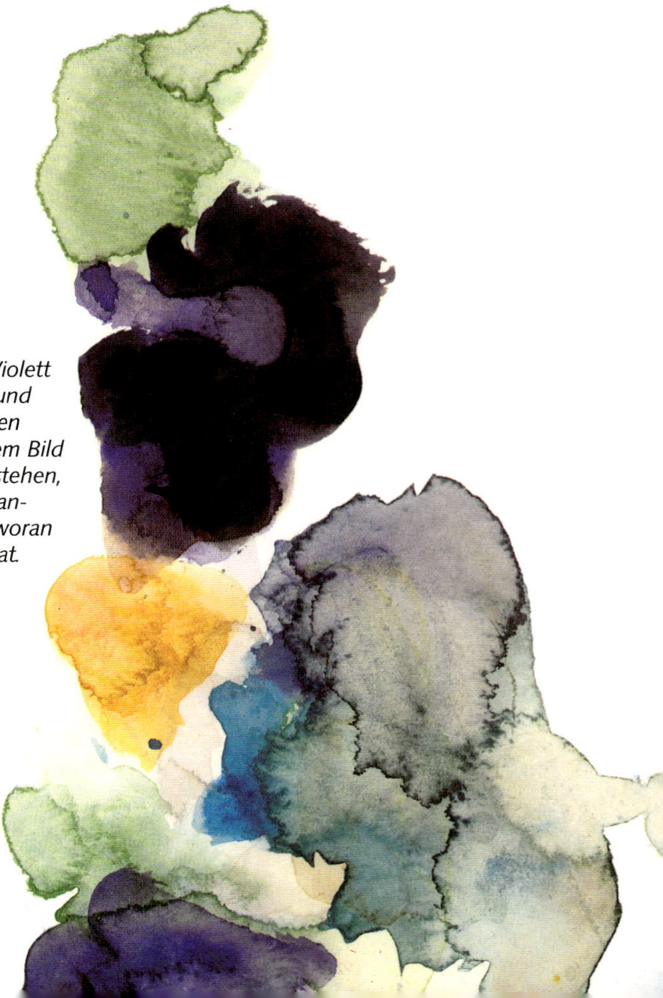

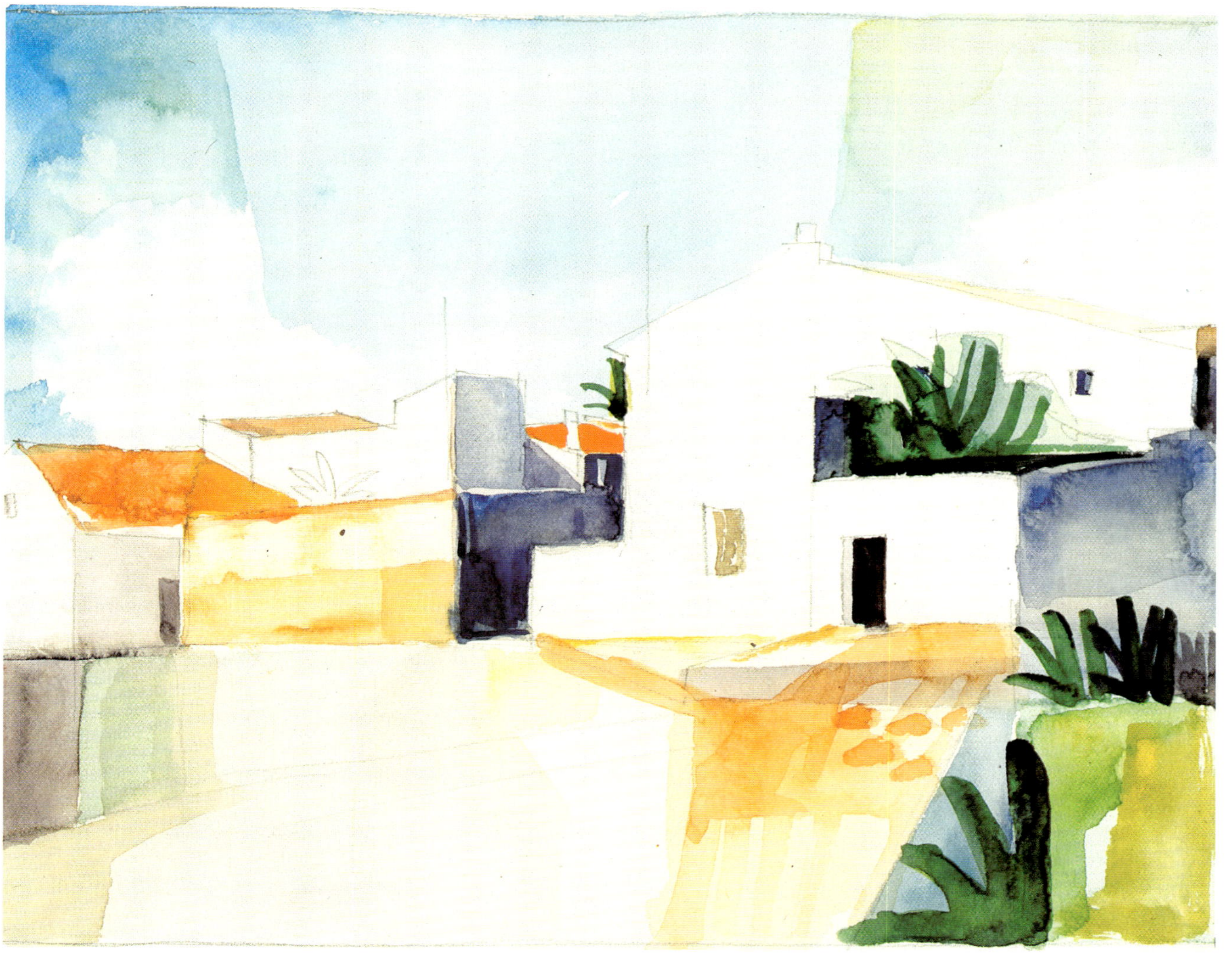

Ein Ocker mit Kadmium vermischt, ergibt das eine oder andere Dach – aber bitte nicht alle, sonst wird es zu monoton und langweilig. Lassen Sie sich bei der Farbgebung immer von Ihrem Gefühl leiten und nicht von dem, was da nun genau auf der Vorlage oder in der Natur ist. Die Farben sollen die Stimmung ausdrücken, die Sie beim Anblick dieses Motivs empfinden, und nicht fotografisch genau die Realität wiedergeben – das kann der Fotoapparat besser. Bei den luftigen, manchmal flirrenden Farben des Mittelmeerraumes muß man darauf achten, daß die einzelnen Flächen nicht zu oft übermalt werden, da die Aquarellfarben sonst ihre Leuchtkraft verlieren und schmutzig werden. Beginnen Sie also lieber ein neues Blatt, denn einmal gemachte Fehler lassen sich beim Aquarellieren nur schwer wieder ausmerzen. Aus diesem Grund habe ich auch immer ein paar Papiertaschentücher bereitliegen, um schnell abtupfen zu können, falls die Farbe einmal zu intensiv ausfällt oder nicht ganz stimmt. Auch ein Fön liegt immer parat, damit ich durch schnelles Trocknen spontaner arbeiten kann.

Sie sehen, daß ich die Schatten zwischen den Häusern nun verstärkt habe, so bekommt das Bild mehr Tiefe, und die Häuser werden plastischer.

Auch die Pflanzen nehmen jetzt Form an. Ocker als Erdton, Umbra als Schatten darüber, Hookersgrün mit diversen Gelb- und Blautönen vermischt geben ihnen die richtige Leuchtkraft.

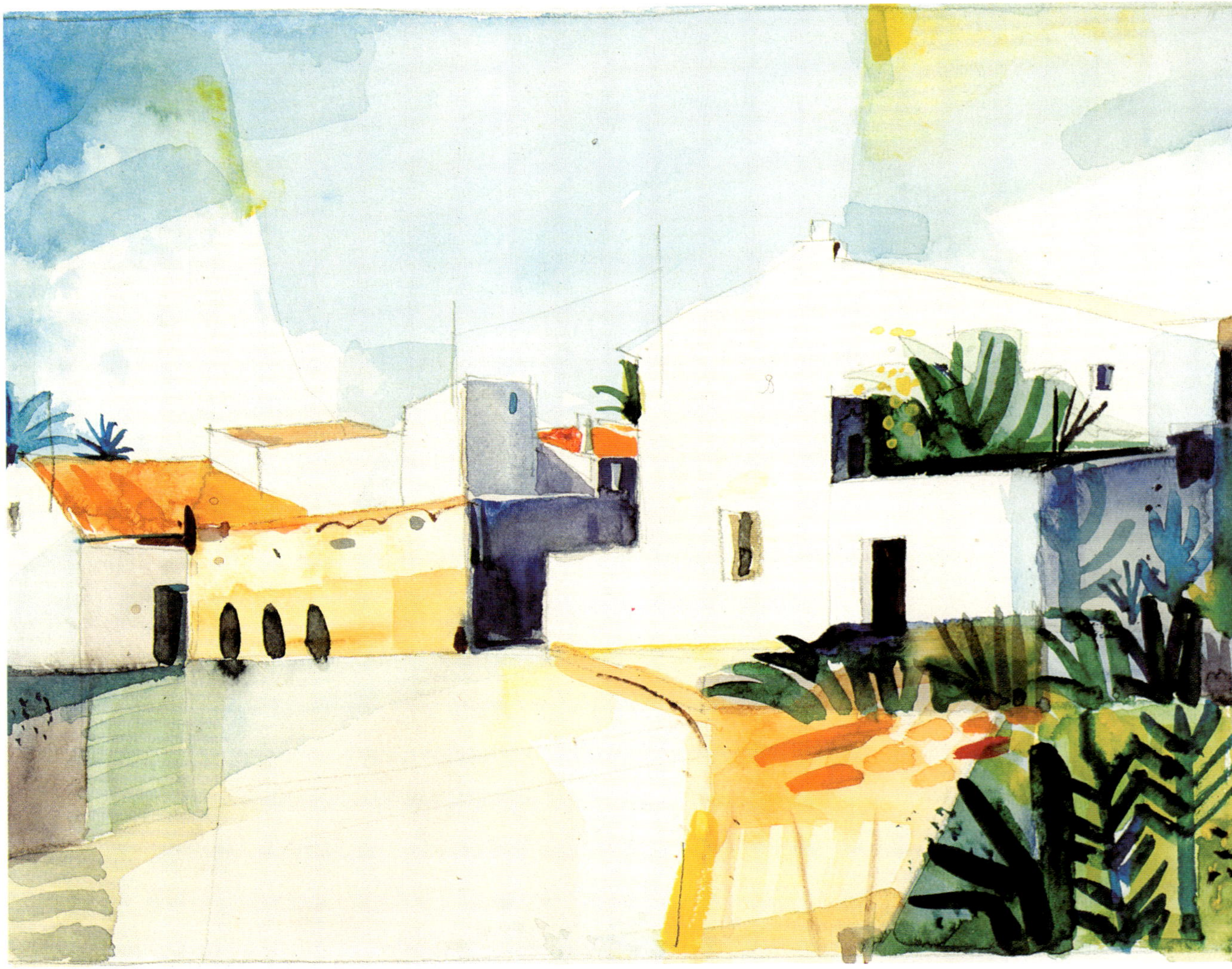

Ganz zuletzt kommen nun die Details, kleine Korrekturen hie und da und noch Veränderungen, die sich mit nasser Farbe auf trockenem Grund gut anbringen lassen. Sie sehen, daß hier nun die Pflanzen noch mehr Form angenommen haben, Häuser und Fenster bekamen mehr Kontur.

Beim Malen im Süden empfehle ich den frühen Morgen oder den späten Nachmittag. Zum einen ist das Klima angenehmer, zum anderen sind die Schatten länger und kontrastreicher. Ob man nun direkt in der Natur arbeitet oder in seinem Domizil, man sollte immer den Mut aufbringen, sich der Fülle der anderen Farbigkeit und Formenwelt auszuliefern, neue Farbnuancen auszuprobieren und störende Bildelemente wegzulassen. Auf Reisen hat man die Chance, sich loszulösen, befreit vom Alltag einfach draufloszumalen und den Mut aufzubringen, auch Fehler zu machen. Gemalte Reiseerinnerungen machen den Urlaub noch wertvoller, enthalten, mehr als Fotos, eine ganz persönliche und individuelle Erinnerung. Und zu Hause ist es wirklich egal, ob ein Straßenschild oder ein paar Telegrafenmasten weggelassen wurden – an sie muß man sich ja schließlich nicht erinnern.

Die Pflanzen im Schatten habe ich den Schattenfarben angeglichen: auf dem Naß-in-Naß-Untergrund Cölin- und Ultramarinblau, den Gelbschimmer durch „trocken“ aufgetragenes Gelb.

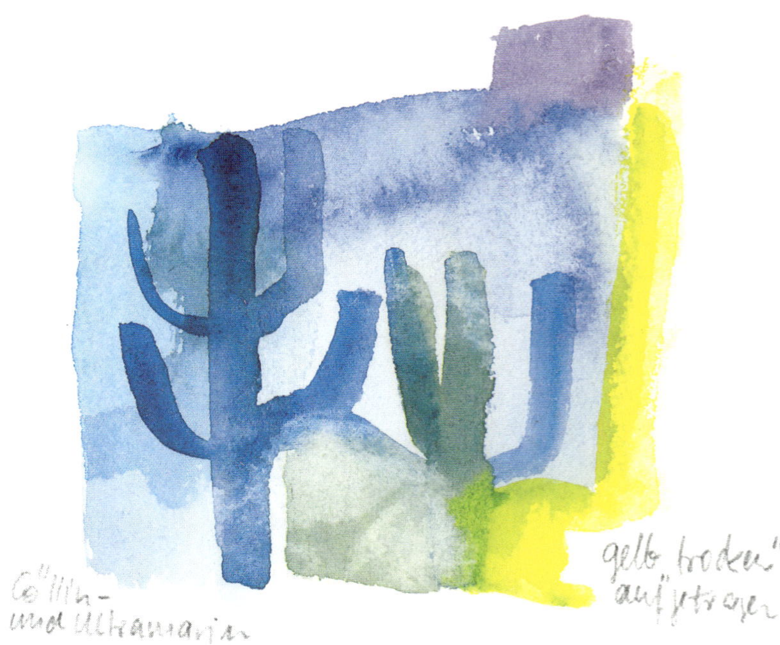

Hier noch einige Details aus meinem Bild. Im Kontrast zu den naturalistischen Elementen greife ich bei den Pflanzen gern auf stark vereinfachte, fast grafische Elemente zurück, die durch die Technik malerisch aufgelöst werden.
Dunkle, bräunliche Töne entstehen durch das Übermalen von Hookersgrün mit Krapplack dunkel. Sehen Sie sich die feine Veränderung an, wenn das Hookersgrün auf Cölinblau steht.
Ein schönes Orange ergibt sich bei der Mischung von Chromgelb und Kadmiumrot.

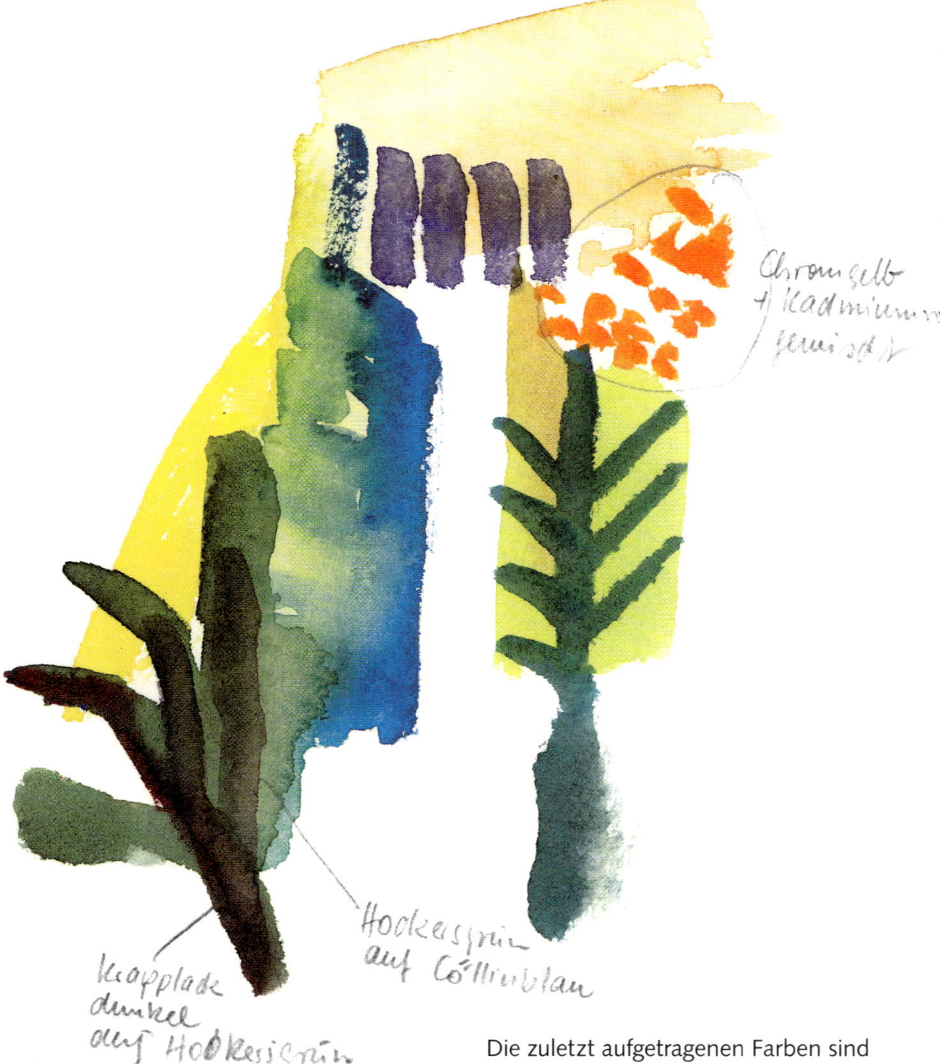

Die zuletzt aufgetragenen Farben sind meist endgültige Konturlinien, klare, nicht verschwommene Formen im Vordergrund. Hookersgrün, mit Krapplack dunkel vermischt, ergibt einen warmen Ton, der sich sehr gut für dunkle Pflanzenteile, auch Pflanzenschatten, eignet.

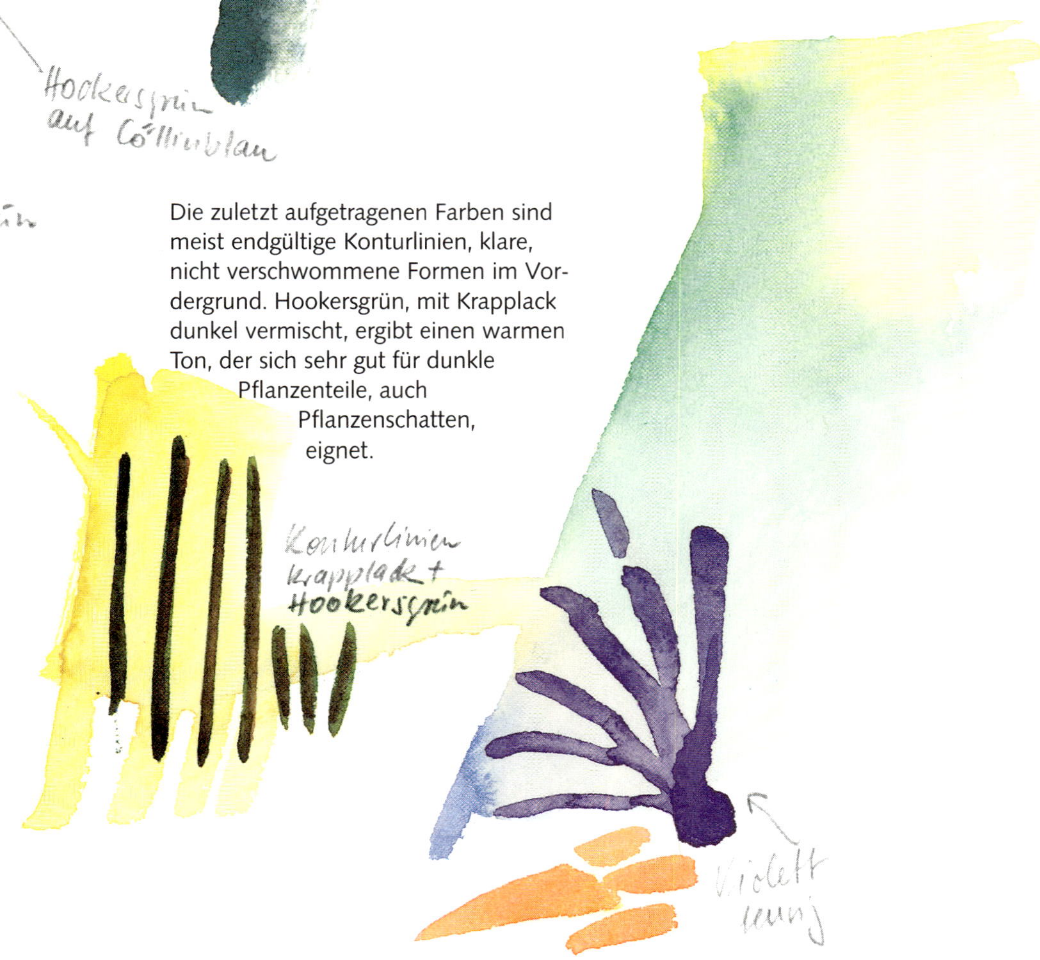

Ergänzend hierzu läßt sich Violett feurig verwenden, lasierend ebenso wie deckend. Denken Sie immer daran, daß Sie ein Gefühl vermitteln wollen und nicht nur die Farben abmalen, die deutlich zu sehen sind.

Experimente

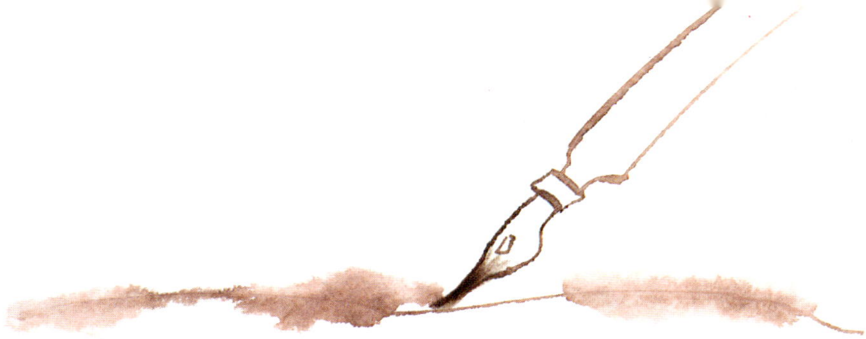

Malen soll in erster Linie Spaß machen. Sperren Sie auf keinen Fall mit künstlichen Zwängen Ihre Phantasie ein!
Sie haben vergessen, in Ihrem Bild eine Fläche Weiß auszusparen? Dann malen Sie sie eben mit Deckweiß hinein. Und wenn sich die darunterliegende Farbe mit dem Weiß vermischt? Vielleicht ergibt gerade das einen hübschen Effekt.
Zerschneiden Sie Ihr Bild und setzen Sie es zu einem neuen zusammen, kleben Sie etwas darauf oder stellen Sie es auf den Kopf. Ein Freund von mir hat einmal sein Bild im Regen liegen lassen – diesen Effekt hat er nie wieder erreicht –, das Bild hängt heute noch in seinem Wohnzimmer. Es ist also alles erlaubt, wenn es Ihnen nur gefällt.
Hier ein paar weniger extreme Beispiele, vielleicht haben Sie Lust, sie auszuprobieren.

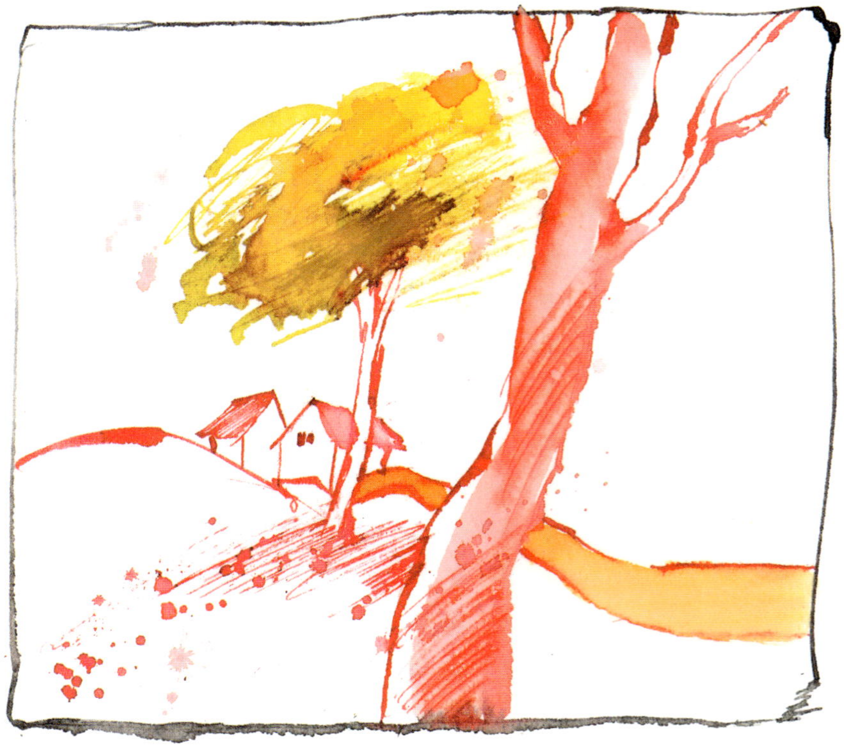

Feder und farbige Tusche

Die Tuschelinien verlaufen, je nach Nässe des Papiers, unterschiedlich stark. Eine malerische Zeichnung entsteht durch das Zusammenspiel von Tuschezeichnung und Aquarellfarben.

Wasserlösliche Farbstifte

In Fachgeschäften sind sie auch als „Aquarellmalstifte" erhältlich, es genügen aber Farbstifte, die mit „wasserlöslich" ausgezeichnet sind. Die Technik ist einfach: Man zeichnet oder schraffiert die Linien und geht dann mit einem nassen Pinsel darüber. Die Farben lösen sich an den nassen Stellen auf und verlaufen ineinander. Ich zeichne auch gern in ein noch feuchtes Bild hinein und vermale die Linien an manchen Stellen. Damit lassen sich Akzente oder scharfe Kanten nachträglich noch einsetzen.

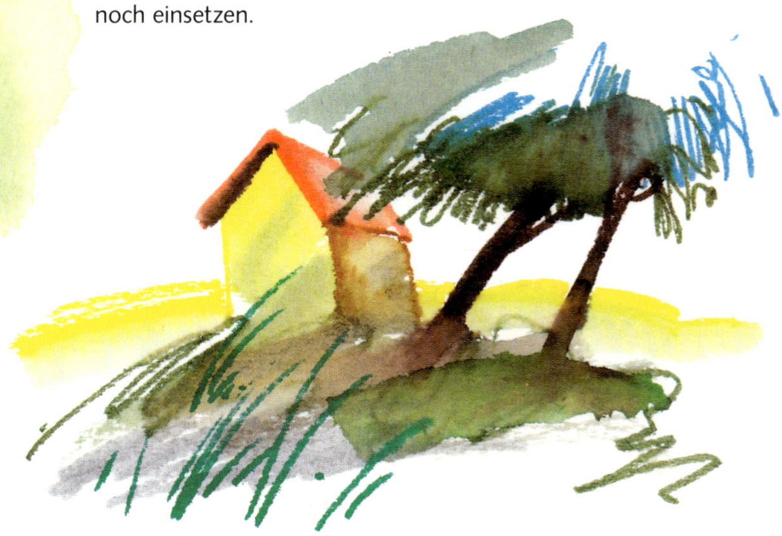

Oben: Die Farbstifte verlaufen, wenn man mit Wasser darübergeht.

Rechts: Eine Mischung aus Aquarellfarben und Buntstiften.

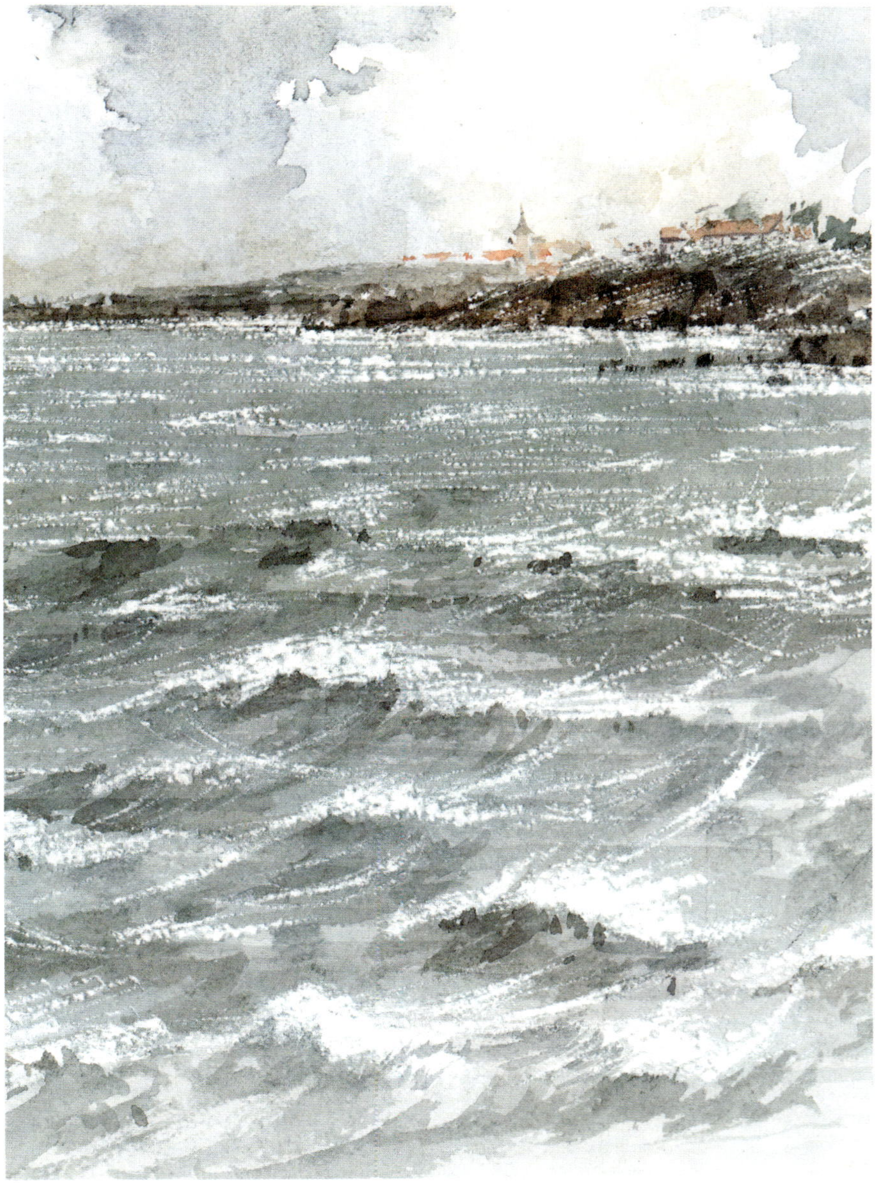

Schauen Sie sich das Bild von Laurie Sartin einmal genau an: Wie entstand die weiße Gischt?
Sie sehen richtig: Er hat sie aus dem Wasser herausgekratzt.
Kratzt man nämlich auf das noch feuchte Blatt, entstehen weiße Linien. Wenn man dann wieder darübermalt, füllen sich diese Linien mit der Farbe und werden dunkler. Am besten eignet sich dazu ein spitzes Papiermesser, denn damit kann man die Breite der Kratzer verändern. Hält man es flach, werden die Kratzer breiter, je steiler man es hält, um so spitzer werden sie. Selbstverständlich können Sie auch eine Nadel oder Scherenspitze verwenden, dabei bleiben aber die Linien immer etwa gleich breit.
Hier hat der Künstler im Vordergrund, wo die Schaumkronen deutlich zu sehen sind, kleine Flächen herausgekratzt, während er im Hintergrund nur noch leichte Striche gezogen hat, weil dort die Schaumkronen nicht mehr so deutlich zu erkennen sind.
Zuletzt hat er mit dunkleren Tönen die Schatten verstärkt und so dem Wasser mehr Bewegung gegeben.
Unten sehen sie es noch einmal deutlicher: Die Farben werden aufgetragen, das Weiß ausgespart. Dann wird auf dem noch feuchten Papier das Weiß durch Kratzen mit der Farbe verbunden.

Die Mischung: Preußischblau, Paynesgrau und ein Hauch von Umbra gebrannt.

Ein paar Tips

Ohne großen Aufwand läßt sich die Wirkung von Hell- und Dunkelwerten ausprobieren. Ich nehme gerne wasserlösliche Filzstifte, mit denen ich mein Motiv skizziere. Dann gehe ich mit Wasser oder mit verdünnter Tusche darüber. Die aufgelöste Filzstiftlinie verläuft bläulich, die verdünnte Tusche bräunlich. Die Mischung aus beidem ergibt hübsche Effekte, und man macht sich außerdem spielerisch klar, wo die dunklen und wo die hellen Tonwerte liegen sollen.

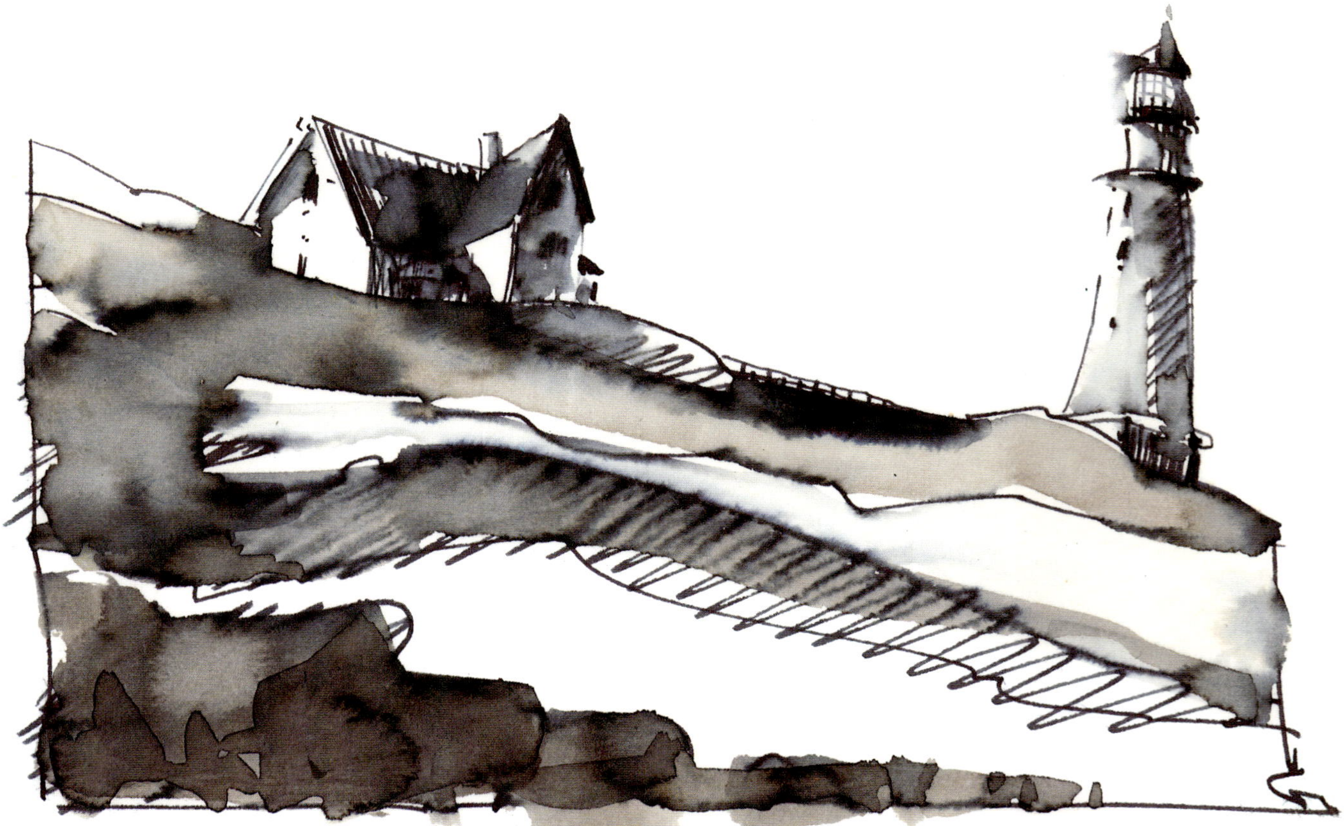

Um mir Mut zu machen für ungewöhnliche Farbkompositionen, experimentiere ich gern mit wasserlöslichen Filz- oder Farbstiften. Warum nicht ein roter Baum und eine gelbe Wiese? Probieren Sie es selbst einmal!

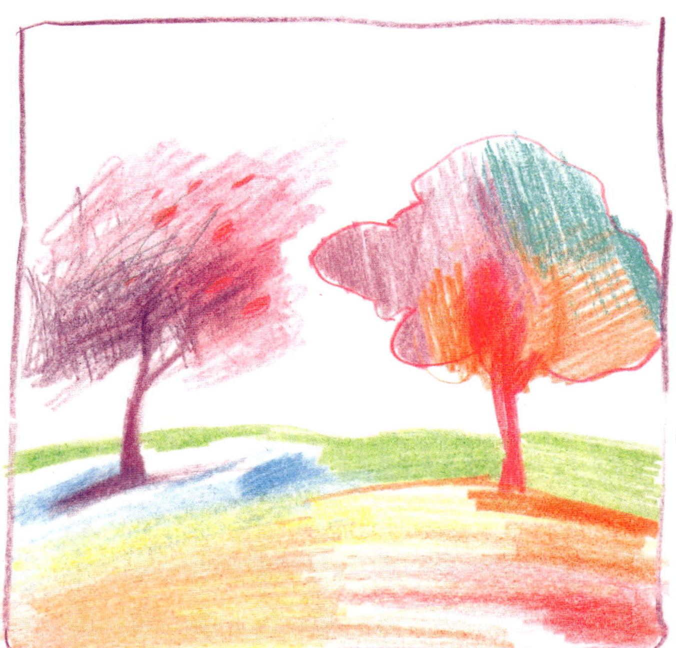

Oft sind diese kleinen Versuche sehr reizvoll, und es wäre schade, sie wegzuwerfen. Sammeln Sie ein paar davon und setzen Sie sie zu einem Blatt zusammen. Aus den vielen kleinen Bildern wird auf diese Art ein großes.

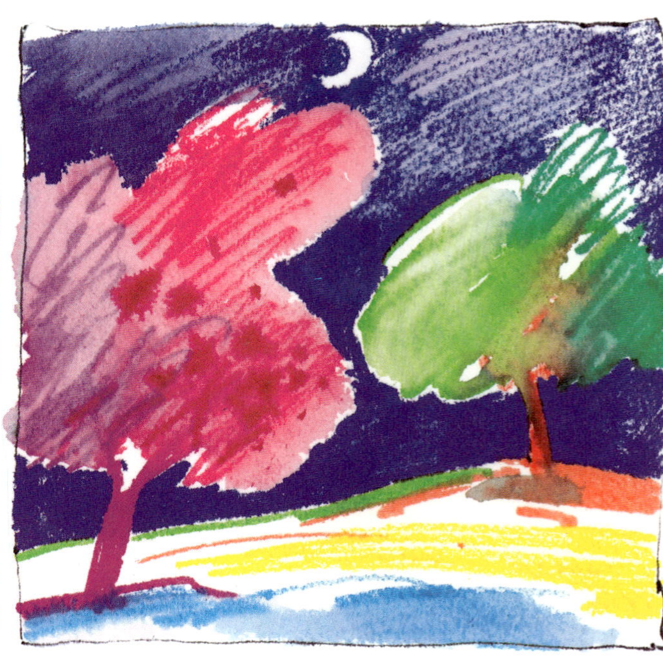

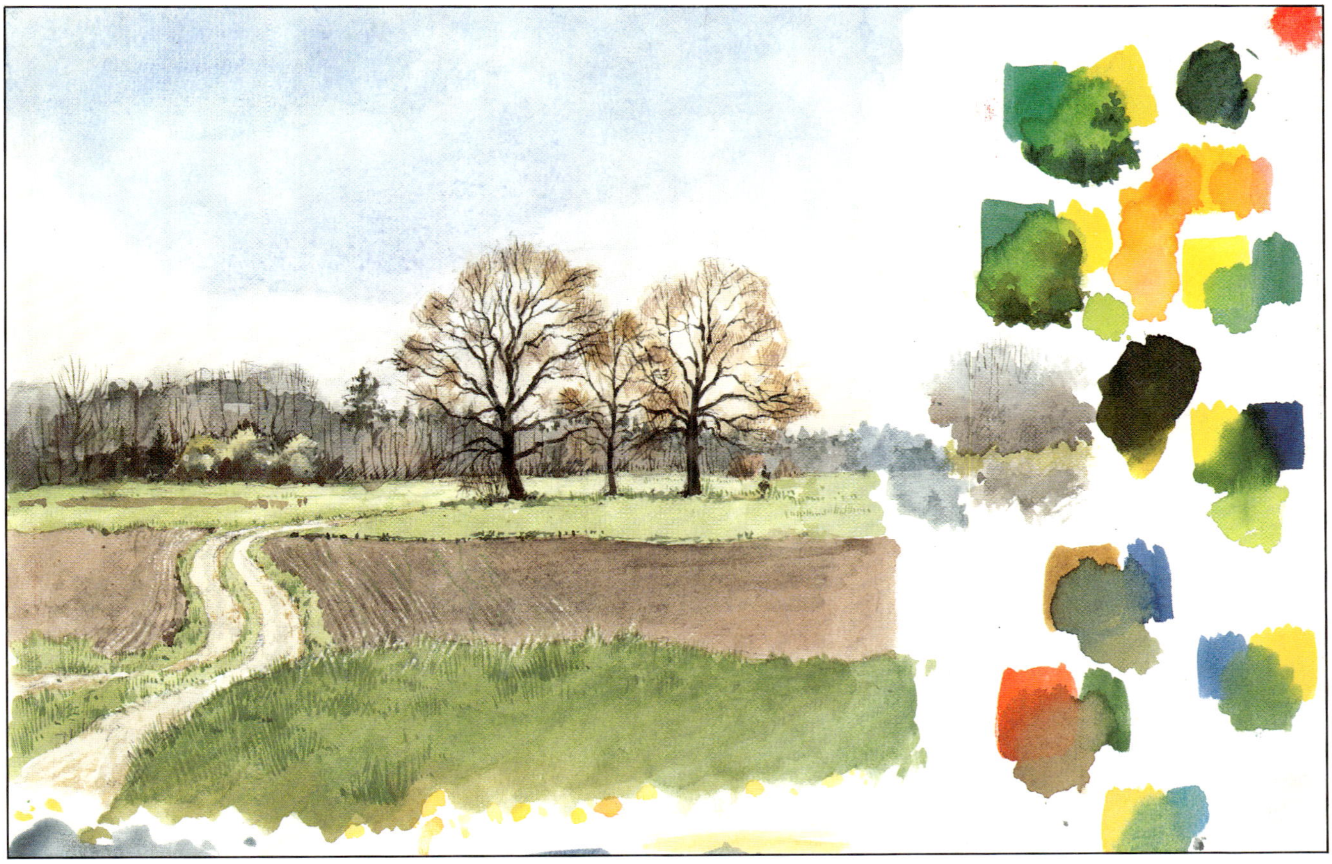

Zwar ist es kein großer Aufwand, im Freien mit Aquarell zu malen, doch man braucht trotzdem Platz für Farben, Palette und Wasser. Laurie Sartin spart sich die Palette und nimmt einfach einen größeren Block mit. Einen Teil des Blockes verwendet er dann zum Mischen der Farben und malt sein Bild nur auf ein Stück des Blattes (oben). Das hat den Vorteil, daß man gleich sieht, wie bestimmte Mischungen auf dem Papier wirken und wie sie neben den anderen Farben stehen. Außerdem kann man für Feinheiten die Hand aufstützen, wobei man sonst, beim Malen über das ganze Blatt, leicht etwas verwischen würde.

Später bekommt das Bild ein Passepartout, hinter dem diese Mischereien verschwinden und mit dem man auch noch den Ausschnitt festlegen kann (unten links).
Laurie Sartin hat das Bild im Herbst gemalt. Er versuchte, sich diese Landschaft im Sommer vorzustellen, und hat einfach Sommerwiesen und Laub dazuerfunden.
Lassen Sie sich also ruhig von Ihren eigenen Bildern anregen und probieren Sie alles aus, was Ihnen in den Sinn kommt!

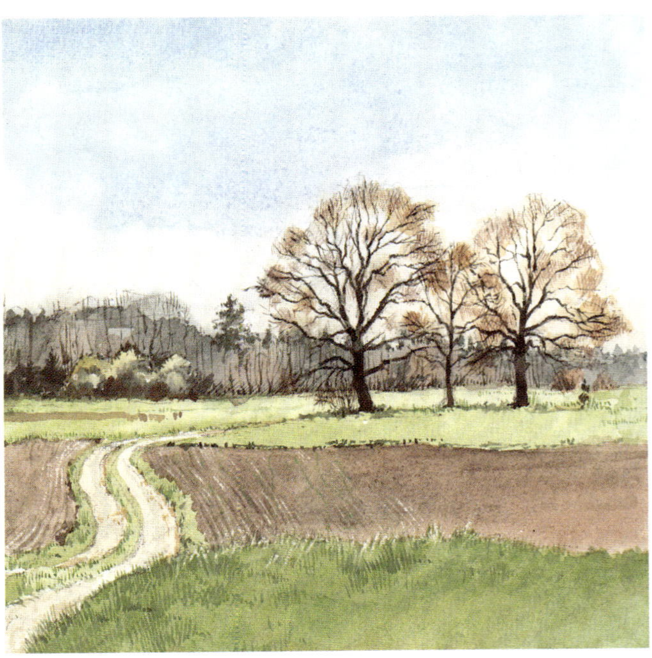

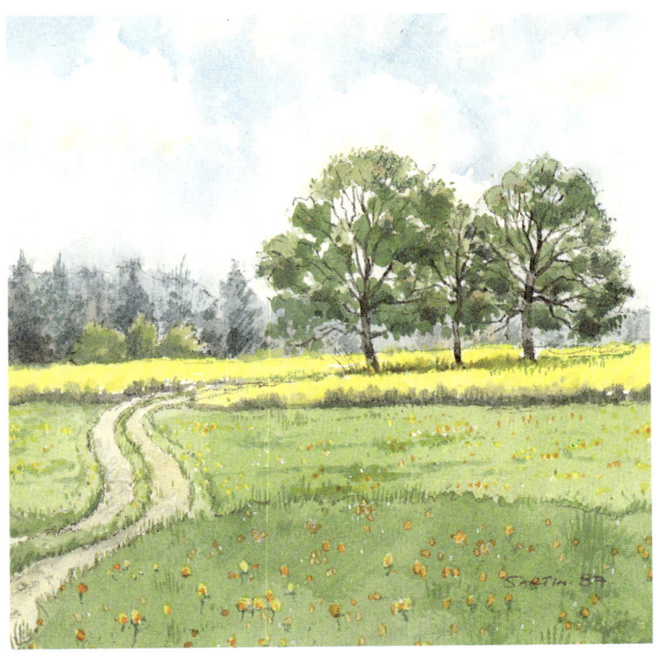

Motive zur Anregung

Vermutlich kennen Sie diese Situation auch: Man hat so richtig Lust zu malen, holt sich voller Begeisterung sein Arbeitsmaterial heraus – und dann weiß man nicht, was man eigentlich malen soll.
Vielleicht helfen Ihnen in solch einer Lage diese Vorschläge; die Fotos lassen sich sehr gut in Aquarelle umsetzen. Natürlich kann man Landschaften auch aus dem Kopf malen, haben Sie es schon mal probiert? Mir fällt dabei immer nur das gleiche ein, nämlich Baum, Wiese und Berge. Dagegen wäre auch nichts zu sagen. Doch die unendlich vielen Variationsmöglichkeiten, die Farben und Stimmungen habe ich nicht im Kopf. Die hier abgedruckten Bilder sollen für Sie lediglich eine Anregung sein. Sie können Ausschnitte daraus nehmen, die Größen verändern, ja, auch alles vollkommen umgestalten, wenn es Ihnen gefällt.

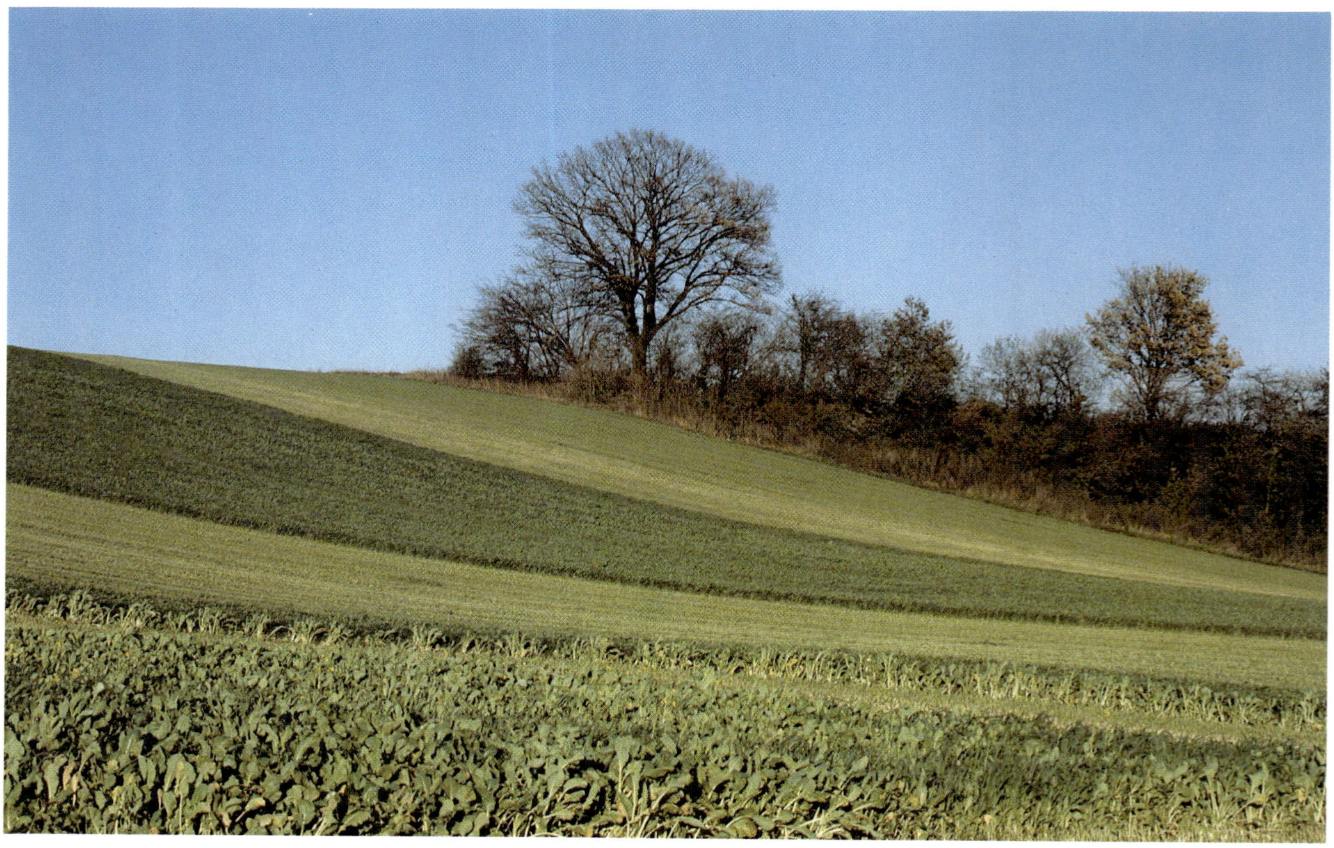

Bleiben wir gleich dabei: Baum und Wiese. Ein reizvoller Kontrast zu den glatten Feldern (oben) sind die feinen, verästelten Bäume. Naß in naß ließen sich die flächigen Grüntöne anlegen und das feine Geäst im Hintergrund auf feuchten, zuletzt auf trockenen Grund malen. Der Himmel spielt hier keine große Rolle.
Ganz anders in dem Bild rechts: Dominierend ist die dramatische Wolkenbildung. Gras- und Baumstrukturen untermalen im Vordergrund. Während der Himmel so richtig zum Austoben einlädt, verlangt der Vordergrund gezieltes Malen. Der dunkle Wald in der Ferne ergibt eine ganz praktische Trennung von Himmel und Feld.

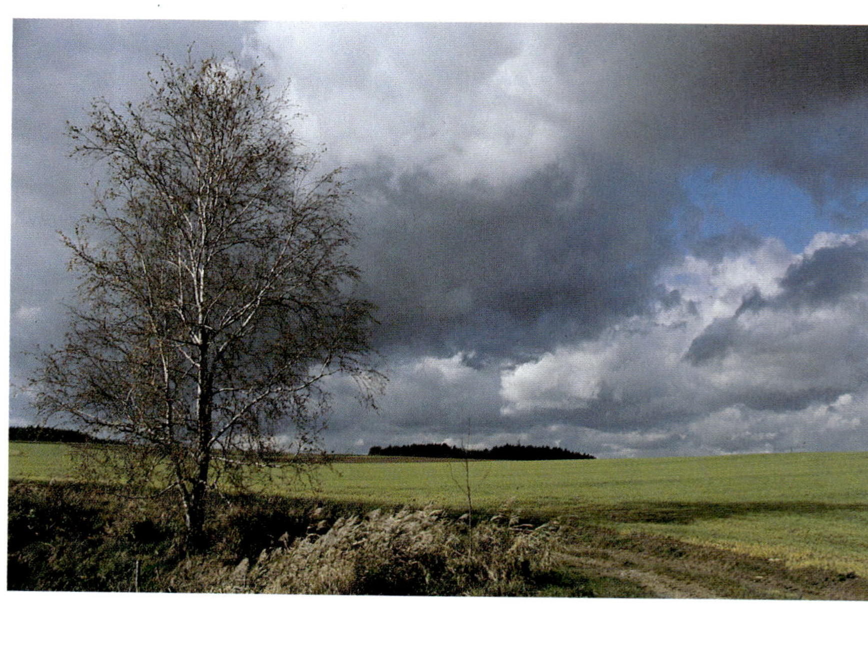

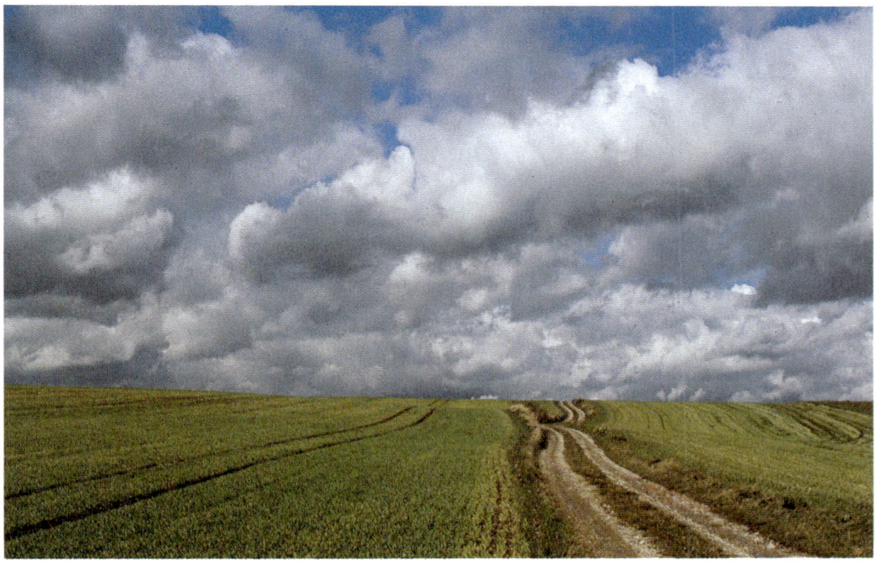

Auch ohne Baum ein interessantes Bild: Der Horizont verläuft in der unteren Bildhälfte, Spannung entsteht durch den nach rechts verschobenen Feldweg, der diagonal verläuft. Ein wunderbares Motiv, um verschiedene Techniken zu vereinen:
Naß in naß, mit weiß stehengelassenen Wolken und vielleicht Abtupfen bei dem Himmel, immer trockener werdenden Streifen für die Wiese. Ich könnte mir auch vorstellen, Teile des Feldwegs herauszukratzen und wieder darüberzumalen.

Rechts ein Motiv zum Thema Wasserspiegelungen. Es lassen sich eigentlich alle besprochenen Techniken anwenden. Wie Lichtreflexe wirken die schwimmenden Blätter, der Himmel liegt im Wasser, und die feinen Halme wirken fast schon auf dem Foto lasiert. Wenn es Ihnen gefällt, können Sie auch ganz andere Farben in das Bild bringen, zum Beispiel ein Violett zwischen die Halme setzen und es im Wasser widerspiegeln lassen.

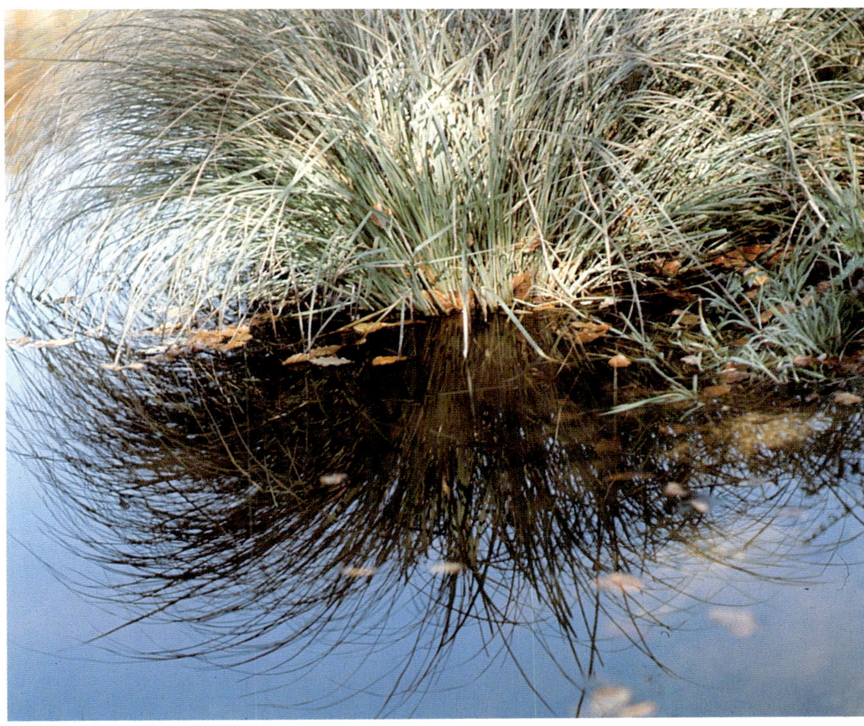

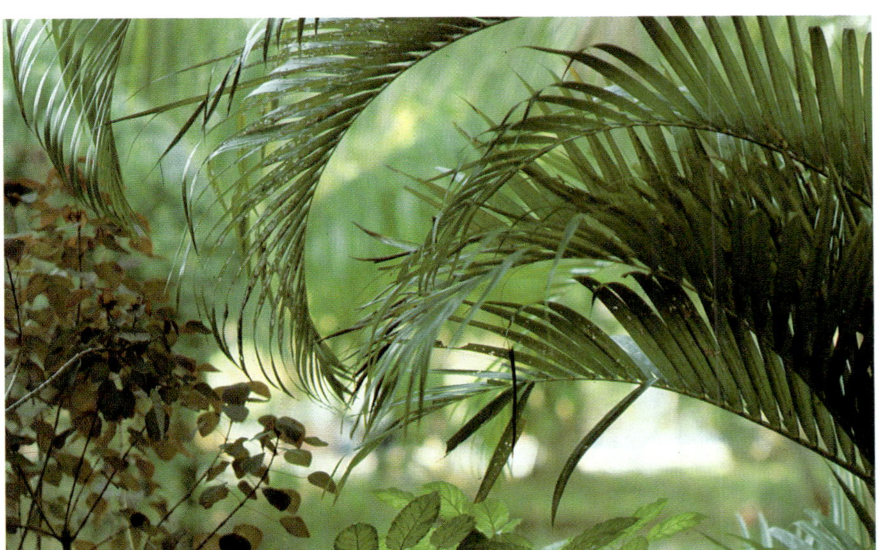

Ein monochromes Bild, das von Strukturen lebt, ist diese Aufnahme links. Vielleicht machen Ihnen die verschiedenartigen Grüntöne Spaß, die trotz Einfarbigkeit im Kontrast zueinander stehen. Feine Striche oder Kratzer, aber auch Wachslinien (mit angespitzter Kerze), auf denen die Farbe perlt, kann ich mir hier gut vorstellen. Probieren Sie doch ein paar Möglichkeiten aus!

Glossar

Colorieren:
Einfärben. Auftragen von Farbflächen auf eine Zeichnung. Die Techniken reichen heute von der Handcoloration bis hin zur Computercoloration.

Eigenschatten:
Jeder Körper besitzt einen Eigenschatten, der stets heller ist als der Schlagschatten. Dieser Eigenschatten gibt dem Gegenstand seine Form und Plastizität.

Expressionismus:
Künstlerische Bewegung im frühen 20. Jahrhundert, die sich bewußt den Anschauungen des Impressionismus entgegenstellte. Dem Expressionisten dient ein Bild nicht als ästhetischer Genuß und bei der Umsetzung seiner Motive will er nicht das rein Wahrnehmbare festhalten, sondern das seelisch Erfahrene zum Ausdruck bringen. Man spricht daher auch von Ausdruckskunst.

Fixogum:
s. Rubbelkrepp

Fluchtlinie:
Parallele Linien, die vom Betrachter aus in die Ferne führen, scheinen einander immer näher zu kommen, bis sie in einem Punkt zusammenlaufen. Diese Linie bezeichnet man als Fluchtlinien, den Punkt als Fluchtpunkt. Die Richtung der Linien hängt dabei vom Standpunkt des Zeichners gegenüber dem Objekt ab.

Fresko:
Das Wort leitet sich vom italienischen Begriff „a fresco" ab, was soviel heißt wie „auf das Frische". Es handelt sich um eine Wandmalereitechnik, bei der die Farben auf den noch feuchten Kalkbewurf einer saugfähigen, vorgenäßten Mauer aufgetragen werden. Verglichen mit der Aquarellmalerei ist also auch dies eine Art der Naß-in-Naß-Technik.

Handgeschöpftes Papier:
Eines der ältesten Verfahren zur Papierherstellung in Handarbeit. Der Faserbrei wird in einen großen Bottich geschüttet und mit einer siebartigen Schöpfform aus Metalldrahtgewebe aus der Bütte herausgeschöpft. Heute wird diese Technik kaum noch eingesetzt, die Herstellung erfolgt fast nur noch maschinell.

Impressionismus:
Stilrichtung, die 1860-70 in Frankreich aufkam. Der Name geht auf ein Bild von Monet zurück, einer Landschaftsdarstellung mit Namen „Impression, soleil levant" (1872). Im Mittelpunkt des Interesses stehen Licht- und Farbeindrücke. Man kann den Impressionismus auch als „Freilichtmalerei" bezeichnen. In Farbgebung und Komposition läßt sich der Künstler von seinen subjektiven optischen Eindrücken leiten und versucht atmosphärische Stimmungen wiederzugeben. Beliebte Motive sind zufällige Ausschnitte aus dem täglichen Leben, Bewegungsvorgänge, Landschaften in hellem Licht.

Lasur:
Durchscheinender Farbauftrag mit verdünnter Farbe auf getrocknete Farbschichten oder den trockenen Malgrund. Der Schichtauftrag, d. h. das Malen auf getrockneten Farbflächen, deckt die untere Schicht nicht ab, sondern läßt sie transparent durchschimmern. Dadurch können interessante Farbmischungen und Farbnuancen entstehen. Die Lasur ist aquarellspezifisch und liegt in den Eigenarten der Aquarellfarben begründet.

Monochromes Bild:
Monochrom bedeutet einfarbig, das Monochrom ist also ein einfarbiges Gemälde. In der zeitgenössischen Malerei hat sich die Monochrome Malerei ca. seit 1955 als Stiltendenz herausgebildet. Der Aufbau des Bildes beruht dabei auf einer einzigen Farbe.

Naß auf trocken:
Transparenter und wäßrig fließender Farbauftrag auf trockenem Malgrund mit dem Effekt klarer Grenzen und Formen.

Naß in naß:
Beschreibt das Malen auf ganz oder nur teilweise feuchtem Malgrund oder nassen Farben. Erzielt wird ein weiches Verfließen oder Ineinanderlaufen der Farben. Charakteristisch für diese Technik sind die unscharfen Formgrenzen und das Ausblühen der Farben (= wolkenartige Ränder).

Negative Flächen:
„Leere" Räume zwischen einzelnen Objekten des Motives oder zwischen Rand und Motiv.

Plastizität:
Als plastisch werden alle körperhaften, nicht flächig wirkenden Formen bezeichnet. Kann in der Kunst der Bildhauer einen tatsächlichen Körper im Raum modellieren, ist der Maler darauf angewiesen durch bestimmte Techniken die Illusion von Räumlichkeit zu schaffen. Vgl. auch Eigenschatten.

Positive Flächen:
Objektflächen, bzw. Formen auf dem Papier. Negative und positive Flächen bedingen sich immer gegenseitig.

Resopalbrett:
Mit Kunststoff überzogene Holz- oder Spanplatte. Eignet sich als Malunterlage in der Aquarellmalerei, wenn man Einzelbögen nicht aufspannen will.

Rubbelkrepp (Fixogum):
Spezieller Klebstoff, der sich nach dem Antrocknen besonders leicht mit den Fingern „abrubbeln" läßt. In der Aquarellmalerei für Weißaussparungen besonders gut geeignet.

Schlagschatten:
Schatten, den jeder Körper durch Lichteinfluß wirft. Daher ist die Darstellung des Schlagschattens vom Stand und der Richtung der einfallenden Lichtquelle abhängig und gibt so auch die Position des jeweiligen Gegenstandes an.

Tonwerte:
Dunkel- und Helligkeitswert einer Farbe, bzw. eines Farbtones, der sich nach dem Sättigungsgrad und der Dunkelstufe der Farbgebung richtet.

Verlauf:
Die Farbe wird großflächig und stufenlos zum Papierweiß oder zu einer anderen Farbe hin verwaschen. Auf naßem Papier wird dazu die Farbe mit einem dicken Pinsel oder mit einem Schwämmchen horizontal von oben nach unten geführt.

Register

Bildnachweis

Paul Cézanne, Château de Médan (Seite 7): Kunsthaus Zürich, © 1991 by Kunsthaus Zürich
John Sell Cotman, Trees Near Harrow (Seite 6): The Whitworth Art Gallery, University of Manchester
John Middleton, Alby (Seite 7): Norfolk Museums Service (Norwich Castle Museum)
Emil Nolde, Überschwemmung (Seite 7): © Nolde-Stiftung Seebüll
Joseph Mallord William Turner, Burning of the Houses of Parliament (Seite 6): Tate Gallery Publications, London
Maurice de Vlaminck, Landschaft (Seite 7): Graphische Sammlung der Staatsgalerie Stuttgart

Literaturempfehlungen

Zur Aquarellmalerei
Weber, B.: Aquarellieren. Techniken, Übungen, Beispiele. Ravensburger Buchverlag, Ravensburg, 1990.
Karwoski, R. C.: Leuchtende Aquarelle. Ravensburger Buchverlag, Ravensburg, 1990.
Bagnall, B. & U., Hille, A.: Aquarell. Anfangen mit Aquarell. Art Academy. Ravensburger Buchverlag, Ravensburg, 1992.
Bagnall, B. & U., Hille, A.: Aquarell. Stilleben laut und leise. Art Academy. Ravensburger Buchverlag, Ravensburg, 1992.
Bagnall, B. & U., Hille, A.: Aquarell. Häuser in Stadt und Land. Art Academy. Ravensburger Buchverlag, Ravensburg, 1992.
Tate, E.: Ravensburger Handbuch der Maltechniken. Ravensburger Buchverlag, Ravensburg, 1988.

Zur Landschaftsmalerei
Hank, P.: Landschaftsmalerei nach chinesischem Vorbild. Ravensburger Buchverlag, Ravensburg, 1990.

Zur Farbe
Itten, I.: Kunst der Farbe. Studienausgabe. Ravensburger Buchverlag, Ravensburg, 1991, 19. Aufl.
Düchting, H.: Abenteuer Farbe. Ravensburger Buchverlag, Ravensburg, 1988.
Pawlik, J.: Praxis der Farbe. Bildnerische Gestaltung. DuMont, Köln, 1981.

Zur Komposition
Düchting, H.: Bildkomposition. Ravensburger Buchverlag, Ravensburg, 1990.

Zur Geschichte des Aquarells
Koschatzky, W.: Die Kunst des Aquarells. Technik, Geschichte, Meisterwerke. Residenz Verlag, Salzburg und Wien, 1982.

Neue Malschule: ART ACADEMY
anfangen – ausprobieren – weitermachen

Auf erfrischende und kreative Weise ermutigt diese neue Ravensburger Malschule dazu, den Pinsel oder Stift in die Hand zu nehmen, in eine Technik einzusteigen, sie zu erlernen und Neues auszuprobieren.
Zu den beliebtesten künstlerischen Techniken – Aquarell, Öl und Zeichnen – erscheinen jeweils vier Bände, die sich nach Themen und Schwierigkeitsgrad unterscheiden. Den Auftakt bildet die Aquarellmalerei. Ergänzend dazu werden später die Themen Farbe, Akt, Perspektive und Komposition behandelt und deren Grundlagen erarbeitet.
Die Bände der „Art Academy" zeichnen sich im Besonderen durch eine großzügige Illustration und durch eine interessante Gestaltung der Schritt-für-Schritt-Sequenzen aus. Sie machen auch Schwierigeres leicht nachvollziehbar. Erfahrene Autoren und Künstler stehen für ein optimales didaktisches Konzept, das zum kreativen Ausprobieren und spielerischen Lernen anleitet.
Jeder Band der Reihe hat 64 Seiten, rund 200 Abbildungen und ist durchgehend vierfarbig illustriert.

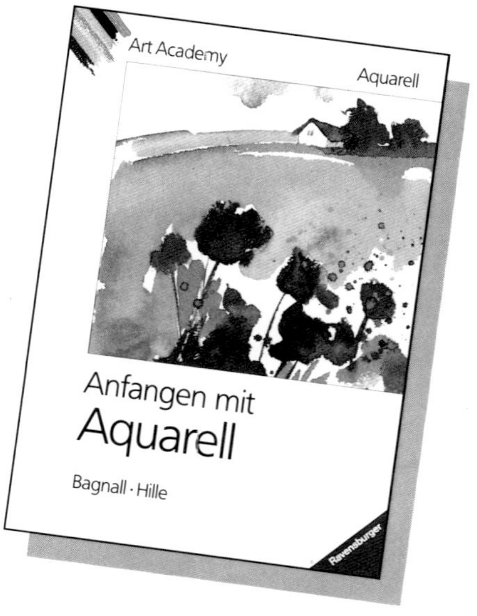

Bagnall/Hille
Aquarell. Anfangen mit Aquarell
Ein faszinierender Einstieg in die Aquarellmalerei. Künstler führen Schritt für Schritt in die Grundtechniken ein.
ISBN 3-473-**48254**-4

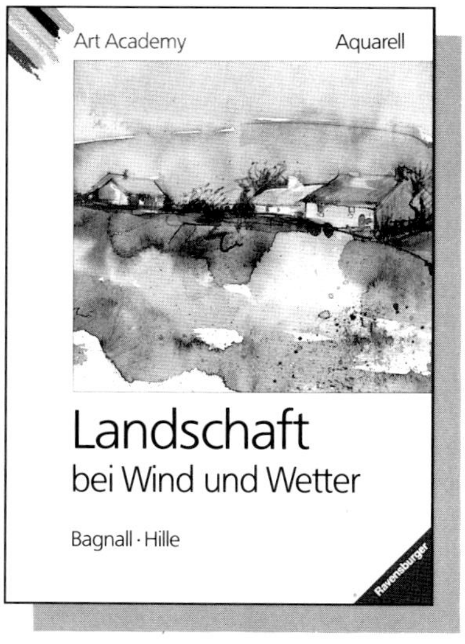

Bagnall/Hille
Aquarell. Landschaft bei Wind und Wetter
Ferne Berge, spiegelnde Flüsse und südliche Plätze aquarellieren. Beispiele regen zum Üben und Malen an.
ISBN 3-473-**48255**-2

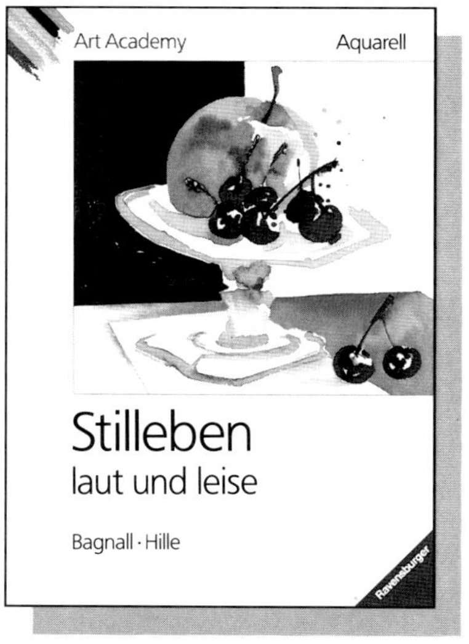

Bagnall/Hille
Aquarell. Stilleben laut und leise
Nicht nur Vasen und Äpfel! Künstler arrangieren und malen interessante Stilleben zum Üben und Ausprobieren.
ISBN 3-473-**48256**-0

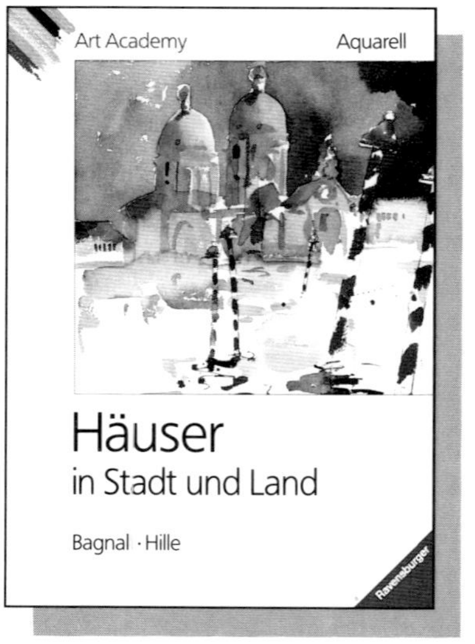

Bagnall/Hille
Aquarell. Häuser in Stadt und Land
Häuser, Städte und Plätze laden ein zum Spiel mit Farbe, Perspektive und Schatten. Übungen, Techniken, Beispiele.
ISBN 3-473-**48257**-9